DERRICK

Der zweite Mord

Mädchen im Mondlicht

ZDF-Krimi

DERRICK

Der zweite Mord
Mädchen im Mondlicht

ZDF-Krimi

NEUER HONOS VERLAG

NEUER HONOS VERLAG, Köln
Sonderausgabe
ZDF-Krimis
Derrick – Der zweite Mord, Mädchen im Mondlicht
von H. G. Francis
nach Drehbüchern von Herbert Reinecker

Umschlaggestaltung: Karen Kühne
Titelmotiv: TONY STONE / Ray Massey
Gesamtherstellung: NEUER HONOS VERLAG, Köln

Inhalt

ZDF-KRIMI

Der zweite Mord

Wie ein Strick um den Hals

Mit der einen Hand hielt das Mädchen den Männerhut fest, den es sich über den Kopf gestülpt hatte, die andere streckte sie mit erhobenem Daumen auf die Straße hinaus. Sie trug verwaschene Jeans, eine etwas zu weite Jacke aus imitiertem Leder mit einem Kragen aus künstlichem Pelz und eine Lacktasche, die nicht zu den anderen Sachen passen wollte.

Ein Auto kam mit hohem Tempo die Landstraße entlang – und fuhr vorbei, wie schon so viele an diesem Tag. Nässe spritzte vom Asphalt hoch.

»Blöder Hund!« schimpfte sie hinter dem Fahrer her und streckte ihm die Zunge heraus. Sie war etwa sechzehn Jahre alt und hatte ein wenig zuviel Rot auf die Lippen aufgetragen.

Wenige Schritte von ihr entfernt stand ein Wegweiser mit der Aufschrift »Jugendheim Benno« am Straßenrand. Vielleicht war dies der Grund dafür, daß die Autofahrer nicht anhielten.

Sie war froh, daß die Tage endlich vorbei waren, die sie im »Jugendheim« hatte verbringen müssen. Sie waren alles andere als angenehm gewesen, und geändert hatten sie nicht viel. Sie hatte sich nicht verbiegen lassen und war so geblieben, wie sie war. Sicherlich hatte sie einiges falsch gemacht, denn sonst wäre sie nicht nach St. Benno geschickt worden. Die alleinige Schuld aber an dem, was dazu geführt hatte, trug sie ganz bestimmt nicht.

Sie hatte Fehler gemacht, und die wollte sie auf keinen Fall wiederholen. Einmal St. Benno reichte.

Große Ansprüche hatte sie nicht, und viel erwartete sie auch nicht vom Leben. Wenn sie träumte, dann nur von einem bescheidenen Glück. Warum sollte ihr so etwas nicht vergönnt sein? Warum konnte nicht mal jemand anhalten, der ihr dazu verhalf – und sei es auch nur für einige kurze Momente?

Als sie die Geräusche eines nahenden Autos vernahm, folgte sie einer spontanen Idee. Sie nahm die beiden Gepäckstücke, die am Straßenrand standen – einen kleinen Koffer und einen Pappkarton –, trug sie in die Mitte der Straße, stellte sich dahinter und trat vorsichtshalber zwei Schritte zurück. Ihr drittes Gepäckstück, eine große Mappe, ließ sie an einem Kilometerstein stehen.

Das Fahrzeug näherte sich mit hoher Geschwindigkeit. Es war ein dunkler Porsche, und es schien, als ob er nicht mehr rechtzeitig zum Stehen kommen könnte. Der Fahrer bremste kräftig. Der Sportwagen rutschte ein Stück über den nassen Asphalt, und dann stieß er mit seinem letzten Schwung die beiden Gepäckstücke um. Sie fielen ihr vor die Füße.

Ein junger Mann beugte sich aus dem Seitenfenster. Er hatte kurzgeschorene, dunkle Haare, sah kräftig aus und trug eine Sonnenbrille mit Goldrand, hinter der seine Augen nicht zu erkennen waren.

»He, was soll der Scheiß mit dem Koffer da?« rief er verärgert. »Soll ich den überfahren?«

»Nein«, antwortete sie trotzig. »Ich will nur, daß endlich mal jemand anhält.«

»Na gut«, sagte er. »Habe ich getan. Und jetzt? Was ist los?«

»Ich will nach München«, erwiderte sie, warf die Lippen auf und blickte ihn herausfordernd an. »Wenn du da hinfährst, darfst du mich mitnehmen.«

Er schob sich die Sonnenbrille bis beinahe zur Nasenspitze herunter, so daß er über ihren Rand hinweg sehen konnte. »Sag mal, bist du irre? Ja, ich fahre nach München, aber ich nehme dich nicht mit. Und auch sonst keinen.«

Er setzte den Porsche zurück, schlug das Lenkrad ein und fuhr an ihr vorbei. Enttäuscht und verärgert nahm sie die Gepäckstücke auf und kehrte mit ihnen an den Straßenrand zurück.

»Hat jede Menge Platz in seinem Auto, aber nein, er nimmt keinen mit«, schrie sie hinter ihm her. »Und warum nicht? Weil du ein Idiot bist! Ach, fahr doch, wohin du willst! Aber ohne mich!«

Der junge Mann konnte sie nicht gehört haben, aber vielleicht hatte er sie im Rückspiegel beobachtet. Nach etwa hundert Metern hielt er wieder an, stieg aus, lehnte sich in lässiger Haltung an das Auto, verschränkte die Arme vor der Brust, beobachtete sie durch seine dunkle Sonnenbrille und wartete. In seinen Mundwinkeln zuckte es, aber das sah sie nicht.

Langsam kam sie mit ihren Gepäckstücken heran. Sie ging mitten auf dem Fahrdamm, so selbstbewußt und frech, als ob für alle anderen Autos Fahrverbot gelte und die Straße ihr gehöre. Die Hacken ihrer hohen Schuhe klapperten auf dem Asphalt.

Sie fand seine Sonnenbrille unpassend. Es war ein trüber, wolkenverhangener Tag, und es war ganz und gar nicht so hell, daß sich jemand geblendet fühlen konnte. Wozu also so eine Brille?

»Du willst nach München?« Er griff nach der Tür auf der Fahrerseite, um sie zu öffnen, und deutete zugleich auffordernd auf die Beifahrertür, doch sie nahm die Einladung nicht an. Sie blieb kurz bei ihm stehen, blickte ihn unter der Krempe ihres Hutes hervor an, so wie er sie zuvor über den Rand seiner Brille hinweg angesehen hatte, und schleuderte ihm ins Gesicht: »Ja, aber ich fahre nicht mit jedem Idioten!«

Überraschenderweise klang es nicht bösartig, wie sie es sagte. Dennoch war es eine Beschimpfung. Er steckte sie belustigt ein und rief ihr hinterher: »Ja, also dann! So weit die Füße tragen. Ist ja nur ein kleiner Marathonlauf bis München!«

Er stieg in den Wagen, fuhr los und hupte, weil sie wiederum mitten auf dem Fahrdamm ging. Sie wich ihm aus, beeilte sich jedoch nicht sonderlich dabei, und als er neben ihr war, beugte sie sich zu ihm hin.

»He«, rief sie ihm durch die halbgeöffnete Seitenscheibe zu. »Ich habe was vergessen!«

Er hielt, drückte die Beifahrertür auf; sie warf ihren

Koffer und den Pappkarton auf den Rücksitz und setzte sich neben ihn. Auf ihren Wunsch fuhr er rückwärts bis zu der Stelle zurück, an der sie ihre Mappe abgestellt hatte. Kopfschüttelnd beobachtete er, wie sie ausstieg und hinrannte.

»Was hast du denn da drin, daß du gleich anfängst zu flennen? Zeig doch mal her!«

Sie kehrte zum Porsche zurück und drückte die Mappe an ihre Brust, als verberge sich ein großer Schatz darin. »Kommt überhaupt nicht in Frage«, antwortete sie.

Er lehnte sich über den Beifahrersitz, so daß sie noch nicht einsteigen konnte. »Wo kommst du eigentlich her?«

»Jugendheim«, eröffnete sie ihm, verzog das Gesicht und zeigte über die Schulter hinweg auf das Schild am Straßenrand. In dieser knappen Geste lag alles, was sie ihm vermitteln wollte: die vergangenen Monate unter Bedingungen, die für ein Mädchen ihres Alters belastend und demütigend waren, und einen Einblick in ihre Persönlichkeit, die so tugendhaft nicht war, daß der Aufenthalt in der Jugendstrafanstalt unberechtigt gewesen wäre.

»Siehst du, das habe ich mir beinahe gedacht.« Er lächelte wissend.

»Wieso denn?« Wie er sich verhielt, gefiel ihr nicht. Es mochte ein Makel sein, daß sie aus dem Jugendheim kam, aber das durfte noch lange kein Grund für ihn sein, die eigene weiße Weste herauszustreichen und ihr mit dem Dünkel des Untadeligen zu begegnen.

»Was hast du denn verbrochen?«

Sie hob den Kopf und zögerte kurz, bevor sie antwortete: »Prostitution, Diebstahl, Streunerei – und was sonst noch so dazugehört.«

Wieder sagte sie es in der für sie so typischen Weise, die nicht deutlich machte, ob sie es ernst meinte, ob sie schwindelte, ob sie die Wahrheit sagte oder sich über ihn und seine Spießigkeit lustig machte.

Er verzog keine Miene und glitt zurück auf seinen Sitz, um ihr Platz zu machen. Sie setzte sich neben ihn, schnallte sich an und stellte die Zeichenmappe vor sich auf den Boden.

Zu Fuß hätte sie sicherlich Stunden gebraucht, um nach München zu kommen. Mit dem Porsche waren sie in einer Viertelstunde dort. Gegenüber einem Hotel in der Innenstadt hielt er an, griff über sie hinweg und öffnete die Tür für sie.

»Also, da wären wir«, sagte er. »Willst du hier raus, oder willst du woanders hin? Wohin willst du überhaupt? Gib mir doch mal einen Tip.«

»Keine Ahnung«, entgegnete sie, drückte die Mappe fest an sich und stieg aus. »Danke fürs Mitnehmen.« Sie streckte die Hand aus. »Gibst du mir mal den Koffer?«

Er verließ den Wagen ebenfalls, nahm die beiden Gepäckstücke und brachte sie ihr. Auf dem Bürgersteig stellte er sie ab.

»Wieso keine Ahnung? Du mußt doch irgendwohin. Gehst du in das Hotel da drüben?«

Sie lachte hell auf.

»Idiot!« Sie blickte zu ihm hoch, und in ihren Augen funkelten kleine Lichter.

»Wieso? Irgendwo schlafen mußt du doch.«

»Ich habe keine Ahnung. Ich war noch nie in München.« Sie beugte sich zu ihm hin und fügte mit gedämpfter Stimme hinzu: »Aber geschlafen habe ich immer noch irgendwo.«

»Na, dann gute Nacht!« verabschiedete er sich.

Sie nahm ihre Koffer auf, schenkte ihm ein kleines Lächeln und ging davon. An der nahen U-Bahn-Station zögerte sie kurz, um sich dann von der Fahrtreppe nach unten tragen zu lassen.

Er folgte ihr mit seinen Blicken, bis er sie nicht mehr sehen konnte, dann ließ er seinen Wagen stehen und rannte hinter ihr her. Er hastete die Fahrtreppe hinunter, und als er auf halber Höhe war, entdeckte er sie. Ihr Hut hob sie aus der Menge der anderen Passanten heraus. Sie fuhr nicht nach unten, sondern hatte es sich anders überlegt, war umgekehrt und kam ihm auf der anderen Treppe entgegen. Er drehte sich um und eilte die Fahrtreppe in der falschen Richtung wieder hoch, vorbei an einigen verdutzten Frauen, empfing sie, als sie oben ankam, und führte sie zur Seite.

»Also?« fragte er. »Wohin?«

»Mann!« Seine Aufdringlichkeit nervte sie, und außerdem verspürte sie keine Lust, Auskunft über ihre nächsten Schritte zu geben, zumal sie sich selber noch nicht klar darüber war, wohin die eigentlich führen sollten. »Ich habe keine Ahnung.«

»Wo willst du denn pennen? Im Bahnhof? Oder an der Isar? Da ist es jetzt auch sehr schön.«

»Darüber muß ich noch nachdenken.« Sie wußte nichts mit ihm anzufangen und war vorsichtig und zurückhaltend. Solange sie sich über seine Absichten nicht im klaren war, wollte sie nicht mehr von sich preisgeben, als sie bisher getan hatte.

»Wie lange brauchst du dafür?«

»Ich habe es nicht eilig damit.« Sie wollte sich abwenden, doch er ließ sie nicht gehen.

»Hör zu«, sagte er und legte seine Hand an ihren Arm. Er hielt sie nicht fest, aber sie spürte die Wärme seiner Hand. »Ich mache dir einen Vorschlag: Du kommst mit mir in meine Wohnung. Da kannst du so lange bleiben, bis dir was einfällt. Okay?«

»Okay!« Sie gingen zum Porsche zurück und fuhren binnen etwa zwanzig Minuten bis zu seinem Haus.

Da der Name Seelmann an der Wohnungstür stand, verzichtete sie darauf, ihn zu fragen, wie er heiße. Seine Wohnung war nicht besonders groß, aber hell und elegant eingerichtet. Die Möbel und die Bilder an der Wand nötigten ihr Respekt ab. Er ging zum Telefon, kaum daß sie die Tür hinter sich geschlossen hatten, und schaltete den Anrufbeantworter ein. Er wollte eine Nachricht abhören, die jemand darauf hinterlassen hatte. Eine leise Stimme ertönte. Das Mädchen empfand sie als unangenehm, und sie hörte kaum hin.

Er schaltete das Gerät aus, ging zu einer kleinen Bar und schenkte sich einen Orangensaft ein. »Eines sage ich dir gleich: Ich will nichts von dir. Absolut nichts. Im Gegenteil. Du störst mich. Ungeheuer sogar.«

»Dann kann ich ja wieder gehen«, erwiderte sie trotzig und gab ihm damit zu verstehen, daß sie sich ganz und gar nicht von ihm abhängig machen lassen würde. Sie wollte sein Angebot annehmen und in der Wohnung bleiben, aber sie war nicht bereit, eine Gegenleistung dafür zu erbringen.

»Jetzt mal ganz ruhig«, sagte er und schwenkte den Saft im Glas. »Ich sage ja nur, wie es ist. Ich erwarte nämlich einen Anruf. Hast du das mitgekriegt?«

»Das habe ich. Ich bin ja nicht blöd.«

»Okay. Ich möchte nicht, daß der Anrufer merkt, daß noch jemand in der Wohnung ist. Das wäre nicht gut fürs Geschäft«, erklärte er.

»Wohin soll ich mich verziehen?« Sie war unkompliziert und nicht beleidigt. Sie erwartete von ihm, daß er sie in Ruhe ließ und keinen Einblick in ihre Welt verlangte, zugleich respektierte sie seine Welt und hatte Verständnis dafür, daß er sie gegen Fremde abschirmen wollte.

Er deutete auf die Tür zum Nebenraum. »Ins Schlafzimmer.«

Schweigend klemmte sie sich ihre Gepäckstücke unter den Arm und wandte sich ab.

»Jetzt noch nicht«, hielt er sie zurück. »Erst wenn es soweit ist.«

In diesem Moment klingelte das Telefon, und das Mädchen ging zum Schlafzimmer. Bevor sie eintrat, blickte sie über die Schulter zurück. Er gab ihr mit einer Handbewegung zu verstehen, daß sie die Tür hinter sich schließen sollte. Es war soweit. Sie hörte, wie er den Hörer abnahm und sich meldete.

»Seelmann!«

Die Tür war noch einen Spaltbreit offen. Er winkte energisch, und sie verdrehte die Augen, weil sie für übertrieben hielt, was er verlangte. Was interessierte sie sein Telefongespräch! Sie wollte gar nicht lauschen.

Höchstens ein bißchen!

Es konnte nicht schaden, wenn sie wußte, mit wem sie es zu tun hatte. Weshalb denn diese Heimlichkeit? Was hatte er vor ihr zu verbergen? Gab es da eine Freundin, die nicht wissen durfte, daß er Besuch hatte? Nein, das konnte sie sich nur schwer vorstellen. Wenn es so war, hätte er sie kaum mitgenommen. Es mußte etwas anderes sein. Etwas Geschäftliches? Das war schon wahrscheinlicher.

Ihre Neugierde war geweckt.

Sie hätte kaum hingehört, wenn er nicht diese Umstände gemacht hätte. Doch nun spürte sie, daß es um etwas Verbotenes ging, für das er keine Zeugen haben wollte. Von welcher Art waren seine Geschäfte? Fürchtete er, daß sie wertvolle Erkenntnisse aus seinen Worten am Telefon gewann? Hatte er Angst, daß sie ihm in die Quere kam und versuchte, ihm das Geschäft wegzunehmen und es selber zu machen?

Sie zog die Tür zu, lehnte sich mit dem Rücken dagegen und spitzte die Ohren.

»Was?« hörte sie ihn fragen. »Also hör zu! Heute abend um zehn auf Heinis Parkdeck. Du brauchst keine Angst zu haben. Es ist alles glattgegangen.«

Das war die Bestätigung für sie!

Es ist alles glattgegangen! Das waren nicht die Worte, die ein seriöser Geschäftsmann wählen würde, sondern Worte, die sie nur zu gut aus dem Milieu kannte, in dem sie sich lange aufgehalten und das sie letztendlich in das »Jugendheim St. Benno« gebracht hatte.

Sie hatte so gut wie kein Geld in der Tasche. Er fuhr einen Porsche und hatte eine teuer eingerichtete Wohnung. Warum sollte nicht ein kleines Stück von dem Kuchen für sie abfallen, um den hier verhandelt wurde? Sie wollte nicht alles. Schon ein paar Krümel von dem Kuchen genügten ihr. Und, wenn möglich, ein paar von den Rosinen.

Für einige Sekunden war es still, dann fuhr Seelmann fort: »Ein Kilo! Und du weißt ja – nicht ein Gramm ohne Geld. Alles in kleinen Scheinen. Nicht daß ihr zwei Schwerverbrecher mich noch aufs Kreuz legt. Alles klar?«

Es klapperte und klickte leise, als er auflegte.

Ihr klopfte das Herz bis zum Hals.

Ein Kilo? Nicht ein Gramm ohne Geld? Alles in kleinen Scheinen?

Das kam ihr bekannt vor.

Sie preßte die Mappe mit den Zeichnungen an sich, die sie unter der Anleitung eines Lehrers in der Jugendstrafanstalt angefertigt hatte und auf die sie sehr stolz war. Eine innere Stimme riet ihr, die Wohnung so schnell wie möglich zu verlassen und das zu versuchen, was sie sich vorgenommen hatte und womit sie ihren Lebensunterhalt verdienen wollte.

Weg von ihm! mahnte die Stimme.

Doch sie zögerte.

Mit so wenig Geld in der Tasche würde der Start ins neue Leben sehr schwer werden. Konnte sie nicht versuchen, ein wenig an seinem Geschäft teilzuhaben? Nur für den Anfang!

Sie entfernte sich einige Schritte von der Tür, betrachtete sich im Spiegel neben dem Bett und rückte ihren Hut zurecht. Dann versenkte sie die Hände in den Taschen ihrer Jeans und drehte sich genau in dem Moment um, in dem er die Tür öffnete.

»Hör zu«, sagte er. »Ich muß heute abend noch mal weg. Du kannst hierbleiben. Nur – räum mir nicht die Bude aus!«

Die letzten Worte klangen drohend. Er wollte ihr deutlich machen, was sie zu erwarten hatte, wenn sie ihn bestahl. Doch er beeindruckte sie nicht, zumal sie nicht vorhatte, irgend etwas mitgehen zu lassen. Keß schob sie sich den Hut zurück, schlenderte auf ihn zu und erwiderte herausfordernd: »Du kannst mich ja rausschmeißen.«

Er lehnte sich mit dem Rücken an die Wand, trank einen Schluck Orangensaft und blickte sie abschätzend an.

»Es ist ja schon mal vorgekommen, daß man jemandem geholfen hat, für den Dankbarkeit ein Fremdwort ist«, bemerkte er und versuchte, ihr ein wenig von ihrer vorgespielten Selbstsicherheit zu nehmen.

»Ist es für mich auch!« fuhr sie ihn an. »Hör auf mit Dankbarkeit! Das ist ... wie ein Strick um den Hals.«

Sie trat ganz nah an ihn heran und strich ihm – nun wieder sanft – mit dem Zeigefinger über die Kehle. Ihre Lippen näherten sich seinen, doch er nahm das Angebot nicht an. Noch nicht.

»Da ist was dran«, gab er zu, und dann schlug er vor: »Komm, wir essen erst einmal etwas.«

Deal auf dem Parkplatz

»Wie heißt du eigentlich?« fragte sie und bediente sich von den Tellern, die reichlich gefüllt auf dem Tisch standen. Sie hatte Hunger, als ob sie seit Tagen nichts mehr zu sich genommen hätte. »Habe ich mich schon vorgestellt? Ursula.«

»Dixie. Es ist nicht mein richtiger Name, aber alle nennen mich so.«

»Und was machst du so?« Es war nur so dahergesagt, ohne bestimmte Absicht. Im Grunde genommen interessierte sie gar nicht, womit er seine Tage verbrachte.

»Wie meinst du das?«

»Hast du keinen Beruf?« Sie blickte auf, erstaunt, weil er sie offenbar nicht verstanden hatte. Der Porsche, die Wohnung, die Bilder an der Wand – all das zeugte davon, daß er ein gutes Einkommen – oder geerbt –, vielleicht sogar im Lotto gewonnen hatte. Jede Woche gab es doch neue Millionengewinne, und irgendwo, dachte sie, mußten ja auch die Gewinner leben.

»Einen Beruf? Hast du einen?« fragte er zurück.

»Nein«, entgegnete sie, ohne sich beim Essen stören zu lassen. »Ich habe keinen.«

»Ich auch nicht«, eröffnete er ihr. »Der Job, der mir gefällt, muß erst noch erfunden werden.«

»Und was macht dir Spaß?«

Er stützte sein Kinn auf die gefalteten Hände und blickte still lächelnd auf den Tisch. Er ließ sie lange auf eine Antwort warten.

»Das läßt sich auf einen ganz kurzen Nenner bringen«, erklärte er schließlich. »Wenig Arbeit – und viel Geld.« Er rieb den Zeigefinger an seinem Daumen, um zu unterstreichen, was er meinte.

Sie lachte laut heraus. Daß er es ernst meinte, konnte sie sich nicht vorstellen.

»Das versuchen doch alle!«

Er reagierte nur mit einem sehr schwachen Lächeln, erhob sich, um eine Tasse zu holen, und blickte sie dabei unverwandt an.

»Wenn du lachst, bist du ein schönes Mädchen«, sagte er freundlich und gewinnend. Er setzte sich ihr wieder gegenüber. Die Worte gefielen ihr nicht. Sie empfand sie als Anmache. Sie wich seinem Blick aus und legte sich noch etwas Aufschnitt auf ihren Teller.

»Streng dich nicht an!« Kühl, beinahe schroff wies sie sein Kompliment zurück. »Wie ich aussehe, weiß ich.«

Er stand erneut auf und ging ein paar Schritte hin und her. Sein Gesicht war ausdruckslos. Erst als er sich neben ihr auf einen Stuhl sinken ließ und ihr sanft mit einer Serviette etwas Butter von der Wange tupfte, lächelte er.

»Na, dann nicht!«

»Du willst mich ins Bett kriegen«, sagte sie. »Stimmt's?«

Sein Lächeln vertiefte sich, und jetzt antwortete er ihr in der Art, wie sie zuvor mit ihm gesprochen hatte: kühl und frech zugleich.

»Du gehst aber vorher schon noch in die Badewanne, hm?«

Diese Antwort setzte sie matt.

*

Das Bett war breiter als jedes andere, das sie vorher gesehen hatte. In ihm war mehr als genug Platz. Und in dem seidenen Morgenmantel fühlte sie sich wohl. Vor ihr auf der Bettdecke verstreut lagen ihre Tuschzeichnungen, auf die sie sehr stolz war und auf die sie ihre ganze Hoffnung setzte. Es waren handwerklich ansprechende Stilleben in überwiegend düsteren Farben. Sie bewiesen Talent, genügten höheren Ansprüchen jedoch sicher noch nicht. Es waren Bilder, wie sie viele Schüler und Studenten während ihrer Ausbildung schufen und denen Perfektion und kreative Darstellung noch weitgehend fehlten. Auf Seelmann machten sie keinen Eindruck, und er versuchte nicht, es vor ihr zu verbergen. Im Gegenteil. Er saß in einem Sessel neben dem Bett, blickte sich eines der Bilder nach dem anderen an und ließ sie spüren, daß er gelangweilt war.

»Ich bin nach München gegangen, weil ich das vielleicht verkaufen kann«, sagte sie voller Eifer. »Hier gibt es doch so viele Zeitungen, Zeitschriften, Verlage und Kunsthandlungen.«

»Kunsthandlungen?« Er nahm sie nicht ernst, schien vielmehr belustigt und verletzte und provozierte sie mit seiner Reaktion.

»Was willst du damit sagen?« fuhr sie ihn an.

»Du willst das verkaufen? An Kunsthandlungen? Das? Ist das dein Ernst?«

Sie schlug die Bettdecke zurück und stieg aus dem Bett.

»Sag mal, willst du mir was klarmachen? Oder was?« Temperamentvoll eilte sie zu einem anderen Sessel hinüber, schlug den Morgenrock eng über der Brust zusammen und setzte sich. »Willst du behaupten, das ist keine Kunst?«

Er ließ sich nicht aus der Ruhe bringen.

»Also, bei mir ist das so«, erklärte er. »Ich frage mich immer, würde ich dafür Geld bezahlen oder nicht?«

»Ja – würdest du?«

»Willst du meine Meinung hören oder nicht?« entgegnete er und blieb auch jetzt angesichts ihrer aggressiven Art gelassen.

»Natürlich will ich das.« Ihr war klar, daß seine Kritik nicht gut ausfallen würde.

Er nahm eine der abstrakten Zeichnungen und drehte sie hin und her. Er grinste. »Zum Beispiel dieses Bild hier. Wie ist das denn nun richtig herum? So oder so?«

Sie riß es ihm aus den Händen und hielt es so, wie es sein sollte.

»Kannst du dir denn gar nichts darunter vorstellen?« Sie war verletzt und verärgert. »Hast du überhaupt keine Phantasie, du Trottel?«

»Phantasie haben nur Irre.« Er grinste. Ihm fehlte jegliches Verständnis für die abstrakte Darstellung, und er hatte keine Hemmungen, sie seine Ablehnung spüren zu lassen. Er stand auf und ging zu einem Hocker, wo seine Sachen lagen. Er kleidete sich wieder an. »Hast du eine Uhr um?«

Enttäuscht blieb sie sitzen. Sie ließ die Zeichnungen auf ihren Schoß sinken und versuchte, mit seiner Kritik fertig zu werden.

»Ich glaube, ich habe eine gute Idee«, sagte er. »Zieh dich an! Du mußt mir mal helfen.«

»Wenn's sein muß«, gab sie unwillig zurück.

»Na, komm schon!« trieb er sie an. »Ich habe nicht viel Zeit. Wir fahren weg.«

Sie fragte ihn, was er von ihr erwartete, doch er vertröstete sie darauf, daß sie schon noch alles erfahren werde, wenn sie erst einmal unterwegs seien. Sie legte den Morgenmantel ab und zog sich an, um kurz darauf mit ihm die Wohnung zu verlassen und zu seinem Wagen zu gehen.

Er machte ein paar belanglose Bemerkungen, doch sie erwiderte nichts darauf. Sie dachte daran, wie er ihre Zeichnungen beurteilt hatte, und sie versuchte, sich damit zu trösten, daß sie ihm jegliches Kunstverständnis absprach. Die Bilder in seiner Wohnung fand sie auch nicht gerade beeindruckend: Drucke, ein paar aufgemotzte Kinoplakate. Sie waren sicherlich teuer gewesen, aber sie entsprachen nicht ihrem Geschmack.

Mittlerweile war es dunkel geworden. Sie saß schweigend neben ihm im Wagen. Müde schloß sie die Augen und achtete nicht darauf, wohin er fuhr. Sie kannte sich nicht aus in München, und für sie war völlig belanglos, welches Ziel er gewählt hatte. Als er nach einigen Minuten in der Nähe einer Auffahrt zum Parkplatz eines Einkaufszentrums hielt, gähnte sie und blickte sich gelangweilt um. Es interessierte sie nicht, in welchem Teil der Stadt sie sich aufhielten, ob sie weit von seiner Wohnung entfernt waren, oder ob er nur einige Male um den Block gefahren war. Sie hoffte, daß er seine nächtlichen Angelegenheiten schnell erledigte und daß sie bald ins Bett zurückkehren konnte, um zu schlafen.

Er schaltete den Motor aus und legte sich kurz die Hände vor das Gesicht, um sich zu konzentrieren und nach den richtigen Worten zu suchen, mit denen er ihr das vermitteln konnte, was ihm wichtig war.

»Jetzt muß ich dir erst einmal sagen, worum es geht, wozu ich deine Hilfe brauche«, begann er und wandte sich ihr zu. »Es kann eine Situation eintreten, wofür ich einen Zeugen brauche. Kapierst du das?«

»Ich versuch's«, versprach sie.

»Also gut. Du steigst jetzt aus und gehst die Rampe zum Parkdeck hoch. Es darf dich aber keiner sehen. Du mußt dich verstecken, mußt aber alles im Auge behalten. Ich warte ein paar Sekunden, dann fahre ich da hoch. Alles klar?«

Sie blickte ihn an, versuchte, seine Gedanken zu erraten, und bemühte sich gar nicht erst, vor ihm zu verbergen, daß sie Angst hatte. Jetzt war sie sich endgültig klar darüber, daß es um ein illegales Geschäft ging, und ihr war bewußt, daß er sie mit hineinzog, wenn sie tat, was er erwartete.

»Weißt du eigentlich, was du da von mir verlangst?« fragte sie. »Ich will nicht in irgend etwas hineingeraten.«

Erst vor wenigen Stunden war sie aus der Jugendstrafanstalt entlassen worden, und sie verspürte keine Lust, noch einmal dorthin zurückzukehren. Auf keinen Fall wollte sie in etwas verwickelt werden, was ihr zum Verhängnis werden konnte.

Auf der anderen Seite hatte sie mit ihm geschlafen, es war nett gewesen, er war im Bett nicht nur egoistisch, sondern hatte auch für sie und ihre Lust gesorgt; auch die Wohnung war hübsch. Sie konnte hoffen, einen kleinen Zipfel von dem Glück zu erwischen, nach dem sie sich so sehnte. Vielleicht wurde der Anfang eines neuen Lebens mit seiner Hilfe ja doch etwas leichter.

»Wenn du nicht willst, dann hau doch ab«, entgegnete er. »Du brauchst nur die Tür aufzumachen und zu gehen. Ist okay. Ich halte dich nicht.«

»Mensch, sag mir doch wenigstens, um was es eigentlich geht!« forderte sie. »Durch dich komme ich womöglich noch in Teufels Küche und weiß nicht einmal warum.«

»Okay«, lenkte er ein. »Okay. Also – hör zu!«

Er blickte sie an, und dann erklärte er mit gedämpfter Stimme und sehr eindringlich: »Ich verkaufe ein Kilo Heroin.«

Das war schlimmer, viel schlimmer als alles, was sie sich ausgemalt hatte. Entsetzt riß sie die Augen auf, wandte sich ab und versuchte, die Tür zu öffnen.

»Herrgott!« schrie sie. »Warum gerate ich immer an Wahnsinnige.«

Er beugte sich über sie hinweg, stieß die Seitentür auf und schob sie hinaus.

»Los, hau ab!« rief er. »Verschwinde!«

Er schlug die Tür wieder zu, startete den Motor und fuhr die Rampe hoch und auf den Parkplatz, der auf dem Dach eines Gebäudes eingerichtet worden war.

Das Mädchen blieb im Dunkeln stehen und blickte hinter ihm her, bis er oben verschwand. Sie wollte weglaufen, aber dann erinnerte sie sich daran, daß sie ihre

Sachen noch in seiner Wohnung hatte und daß sie dorthin zurückmußte, um sie zu holen.

Aber wo in München war das?

Sie dachte an seine Wohnung und an die Annehmlichkeiten, die es da gab, aber auch an das Geschäft, das er abwickeln wollte. Sie selber hatte nie mit Rauschgift zu tun gehabt, und sie wollte nichts damit zu tun haben. Aufgeben wollte sie das wenige, was sie ihr eigen nennen durfte, jedoch auch nicht. Vor allem wollte sie nicht auf die Zeichnungen verzichten, in die sie so viel Mühe investiert hatte und auf die sie so große Hoffnungen setzte.

Wenn es vorbei ist, wird er wegfahren und mich hier allein zurücklassen! schoß es ihr durch den Kopf, und bevor sie recht wußte, was sie tat, hastete sie bereits die Rampe hoch und lief hinter dem Porsche her.

Gerade noch rechtzeitig fiel ihr ein, daß sie sich nicht blicken lassen durfte, denn ihr war vollkommen klar, daß der Geschäftspartner Seelmanns bei dem Deal ganz sicher keine Zeugen haben wollte.

Wenn die anderen sie sahen und wenn Seelmann danach allein wegfuhr, war sie in jeder Hinsicht die Dumme.

Sie duckte sich und schlich die letzten Meter auf der Rampe nach oben, bis sie auf das Parkdeck sehen konnte. Er lag weitgehend im Dunkel. Nur wenige Laternen an seinem Rand erhellten es. Der Sportwagen Seelmanns hielt nicht weit von ihr entfernt. Ihm gegenüber parkte auf der anderen Seite der Fläche eine graue Limousine. Ihre Scheinwerfer flammten kurz auf, und dann stiegen zwei Männer aus. Der eine war mittelgroß und hatte helle, blonde Haare. Er hielt einen großen, prall gefüllten Plastikbeutel aus transparentem Material in der Hand. Obwohl die Laternen nur wenig Licht spendeten, glaubte sie erkennen zu können, daß Geldscheine darin waren, und plötzlich fiel ihr wieder ein, was Seelmann am Telefon gesagt hatte.

Ein Kilo! Und du weißt ja – nicht ein Gramm ohne Geld. Alles in kleinen Scheinen.

Ihr schwindelte. Ein Kilo Heroin! Unwillkürlich fragte sie sich, wieviel Geld wohl in dem Plastikbeutel sein mochte. Hunderttausend? Zweihunderttausend? Oder noch viel mehr?

Kein Wunder, daß Seelmann angesichts dieser Summe vorsichtig war. Er hatte sich auf ein Geschäft mit äußerst gefährlichen Leuten eingelassen. Seine Bemerkung am Telefon, als er von »Schwerverbrechern« gesprochen hatte, war viel ernster gemeint gewesen, als sie angenommen hatte. Sie hatte an ein Scherzwort geglaubt, wie es unter guten Bekannten ins Gespräch geworfen werden konnte, nun wußte sie, daß sie ihn gründlich mißverstanden hatte. Hier auf dem Parkplatz stand er zwei Männern gegenüber, die vor nichts und vor niemandem zurückschreckten.

Der Blonde war offenbar der Chef. Der andere war noch sehr jung. Er war wesentlich größer als sein Begleiter und hatte sehr lange, dichte Locken. Ihr fiel auf, daß er die Schultern in eigenartiger Weise hochzog, so als ob ihm kalt sei.

Seelmann stand neben dem Porsche. Er hatte seinen Staubmantel ausgezogen und ging den anderen einige Schritte entgegen.

»Hallo, da sind wir!« grüßte der Blonde.

»Guten Abend!« erwiderte Seelmann, und dann zog er den Bund seines Pullovers langsam hoch, bis die Pistole sichtbar wurde, die in seinem Gürtel steckte. »Ich denke, ich mache euch auf etwas aufmerksam.«

»Warum das?« fragte der Blonde, dem erkennbar mißfiel, daß er bewaffnet war.

»Vorsichtsmaßnahme«, erläuterte Seelmann. »Ich gebe zu, ich traue euch nicht besonders.«

Das Mädchen schob sich vorsichtig an der Brüstung entlang bis zu einem Baugerüst am Rande des Platzes, von wo aus sie die beiden Parteien im Auge hatte, jedoch selber nicht gesehen werden konnte. Hinter einer Kiste mit Baumaterial fand sie eine ausreichende Deckung. Sie hatte Angst, aber gleichzeitig fühlte sie sich von dem Geschehen so angezogen, daß sie um keinen Preis versäumen wollte, wie es ausging. Würde es Seelmann wirklich gelingen, an das Geld zu kommen?

Einen ganzen Sack voller Scheine! Sie konnte kaum glauben, was sie sah. So viel Geld hatte sie noch nie auf einmal gesehen.

»Habt ihr das Geld dabei?« fragte er, obwohl er doch sehen mußte, daß es in dem Plastiksack war.

Der Blonde hob diesen lächelnd hoch und zeigte, was er mitgebracht hatte.

»Zeig den Stoff!« forderte er, und nun hob Seelmann einen Plastikbeutel mit dem weißen Rauschgift darin hoch.

Der Blonde raunte seinem Begleiter etwas zu. Dann schlug er vor: »Also gut, fangen wir mit dem Geld an. Warum so mißtrauisch?«

»Ist ein Geburtsfehler von mir«, gab Seelmann zurück. Er wirkte äußerlich sehr ruhig, schien jedoch für einen kurzen Moment unaufmerksam zu sein.

»Hier!« rief der Blonde und schleuderte ihm den Sack mit dem Geld ins Gesicht. Seelmann riß die Arme zu spät hoch, um ihn noch abwehren zu können. Er stürzte nach hinten und verlor dabei seine Waffe. Der junge Mann eilte hinzu, nahm sie auf, sprang zurück, hielt die Pistole mit beiden Händen und zielte auf Seelmann. Seelmann schnellte hoch, griff den Blonden an, der den Beutel mit dem Heroin an sich bringen wollte, stieß ihn zurück, schickte ihn mit einem Fußtritt gegen den Oberschenkel zu Boden und riß das Rauschgift wieder ganz an sich.

»Schieß!« rief der Blonde seinem Begleiter zu. Er kauerte auf dem Boden und versuchte vergeblich aufzustehen. Der Tritt gegen sein Bein schien ihn hart getroffen zu haben. »Schieß!«

Dem jungen Mann fielen die lockigen Haare wirr ins Gesicht. Das Mädchen konnte ihm ansehen, daß er Angst hatte. Ihr fiel auf, wie blaß er war und daß er schwitzte, und sie glaubte erkennen zu können, daß er rauschgiftsüchtig war. Für ihn war es offenbar noch viel wichtiger als für den Blonden, in den Besitz des Beutels mit dem weißen Pulver zu kommen.

»Schieß doch!« schrie der Blonde. »Schieß doch endlich!«

Seelmann streckte dem jungen Mann die rechte Hand entgegen und ging langsam auf ihn zu. Mit den Fingern winkend forderte er die Pistole zurück.

»Der schießt doch nicht«, sagte er gelassen. Er war sich seiner Sache sehr sicher. »Komm, gib her! Sei vernünftig. Das bringt doch nichts. Gib schon her.«

Der junge Mann wich vor ihm zurück. Er atmete schwer und keuchend.

»Schieß!« schrie der Blonde noch einmal.

Seelmann ließ sich nicht aus der Ruhe bringen. Er trat noch einen Schritt näher – und plötzlich schoß der Junge.

Das Mädchen fuhr erschrocken zusammen. Entsetzt kauerte sie sich hinter die Kiste, während Seelmann sich vor Schmerzen krümmte, den Sack mit dem Geld aufnahm und sich von den beiden zu entfernen versuchte. Schlurfend glitten seine Füße über den Asphalt. Er schleppte sich an seinem Wagen vorbei, als habe er vergessen, daß er ihm gehörte, schritt noch einige Meter weiter und stürzte dann sehr nah bei dem Mädchen zu Boden.

Während der junge Mann in Panik zum Auto flüchtete, eilte der Blonde hinkend zu Seelmann, brachte den Geldsack und das Rauschgift an sich und zog sich dann ebenfalls zum Wagen zurück. Er setzte sich hinter das Steuer.

Das Mädchen richtete sich auf, ging auf Seelmann zu und blieb dann mitten auf dem Parkplatz stehen. Die Scheinwerfer der Limousine flammten auf, und der Wagen rollte an dem Angeschossenen vorbei. Die Scheibe auf der Fahrerseite war nicht geschlossen, und nun sah das Mädchen die beiden Männer aus der Nähe. Keine zwei Schritte von ihr entfernt hielt das Auto, und ihr Blick traf sich mit den Blicken der Insassen. Das Gesicht des Blonden war hart und ausdruckslos. Dieser Mann schien von dem unerwarteten Ausgang des Geschehens unberührt zu sein.

Der Junge neben ihm aber war völlig außer sich, sein Gesicht von Angst und Entsetzen gezeichnet.

»Fahr!« rief er. »Fahr doch!«

Das Mädchen hatte Angst, daß einer der Männer auf sie schießen würde, aber der Wagen setzte sich wieder in Bewegung und fuhr die Rampe hinab. Sie hörte, wie die Reifen quietschten, als er unten um die Ecke fuhr, und sie vernahm, wie der Motor aufheulte, als er beschleunigte.

Sie lief zu Seelmann und kniete neben ihm nieder. Seine Augen waren offen. Er war verletzt, aber sie hoffte, daß er durchkommen würde. Er stöhnte, und er atmete mühsam. Sie griff nach seinem Kopf, streichelte ihm die Wangen und überlegte verzweifelt, was sie tun konnte, um ihm zu helfen.

»Wie konnte ich nur so dämlich sein«, sagte er keuchend. »Wie konnte ich mich darauf einlassen. Mensch, ruf mal einen Krankenwagen! Vielleicht nützt es ja noch was.«

Er griff in seine Hosentasche, holte ein Schlüsselbund daraus hervor und drückte es ihr in die Hand.

»Und noch etwas«, fuhr er schwer atmend fort. »Hol deine Klamotten aus meiner Wohnung und verschwinde! Hau ab! Laß dich da bloß nicht reinziehen! Hast du mich verstanden?«

»Ja«, flüsterte sie und küßte ihn auf die Wange.

»Hast du wirklich verstanden? Hau ab! Los, worauf wartest du? Verschwinde, sonst kommen sie noch zurück und erwischen dich. Lauf! Lauf weg, so weit du kannst!«

»Ich muß telefonieren«, sagte sie. »Halte durch. Es dauert nicht lange, bis der Krankenwagen da ist.«

»Lauf doch!«

Sie zögerte nicht länger, sondern sprang auf und rannte die Rampe hinunter.

Auf Wohnungssuche

Sie erinnerte sich daran, daß sie ganz in der Nähe an einer Telefonzelle vorbeigefahren waren. Sie hastete an den Gebäuden des Einkaufszentrums vorbei, und kaum zwei Minuten verstrichen, bis sie die Notarztzentrale anrufen konnte. Sie beschrieb, was geschehen war und wo der Angeschossene lag, verweigerte aber ihren Namen.

Die Worte Seelmanns klangen ihr noch in den Ohren.

Laß dich da bloß nicht reinziehen!

Nein – genau das wollte sie nicht. Auf keinen Fall. Niemand sollte ihren Namen erfahren. Es war schlimm genug, daß die beiden Männer sie gesehen hatten und nun wußten, daß sie Zeugin des Vorfalls geworden war. Ihr Name durfte auf keinen Fall im Zusammenhang mit Seelmann auftauchen.

Sie verließ die Telefonzelle und rannte ins Dunkel.

Welcher Teufel hatte sie nur geritten, daß sie zu ihm in den Wagen gestiegen war, um ihm einen Gefallen zu tun? Warum war sie nicht spätestens dann abgesprungen, als klarwurde, daß sie Zeugin bei einem Rauschgift-Deal sein sollte? Zu diesem Zeitpunkt wäre es noch nicht zu spät gewesen.

Und warum war sie so töricht gewesen, ihr sicheres Versteck zu verlassen und auf den Parkplatz hinauszutreten, wo die beiden Männer sie sehen konnten? Jetzt erschien es ihr wie ein Wunder, daß sie nicht auch auf sie geschossen hatten.

Sie war noch nicht weit gekommen, als sie den Notarztwagen sah. Mit blitzendem Blaulicht raste er an ihr vorbei und verschwand im Einkaufszentrum. Sie hoffte, daß es noch nicht zu spät war für Seelmann und seine Verletzung nicht so schwerwiegend, wie es ausgesehen hatte.

Ihre Finger krallten sich um die Schlüssel, die er ihr gegeben hatte.

Sie mußte zu seiner Wohnung, ihre Sachen herausholen und verschwinden. Sie würde München verlassen.

Warum sollte sie ihr Glück nicht in Nürnberg versuchen? Es war ja nicht allzuweit bis dorthin, und für eine Fahrkarte der Bahn reichte ihr Geld allemal. Sicherlich gab es auch in Nürnberg Verlage oder Kunstgalerien, an die sie sich mit ihren Zeichnungen wenden konnte.

Ein Polizeiwagen fuhr an ihr vorbei. Er hatte ebenfalls Blaulicht gesetzt.

Das Mädchen lief weiter, bis es eine Telefonzelle erreichte, um nachzuholen, was sie zuvor versäumt hatte. Sie blätterte im Telefonbuch und versuchte anhand des Namens Seelmann herauszufinden, wo seine Wohnung war.

Es war schwieriger als erwartet, denn er war nicht der einzige Träger dieses Namens. Es gab mehrere Eintragungen, und da sie seinen richtigen Vornamen nicht kannte, wußte sie nicht, welche zutreffend war. Zudem sagten ihr die Straßennamen nichts, da sie nicht die geringste Vorstellung davon hatte, in welchem Stadtviertel sich die Wohnung befand.

Sie notierte sich einige Namen, folgte dann einer Straße, von der sie glaubte, daß sie ins Stadtzentrum führte, und stieß irgendwann auf einen Schaukasten mit einem Stadtplan. Er war neben einer Bushaltestelle angebracht und gab ihr einen umfassenden Überblick über die Stadt.

»Idiot!« schimpfte sie. »Hättest du mir nicht deinen richtigen Vornamen nennen können? Dann wäre alles viel leichter für mich. So muß ich verschiedene Adressen abklappern, bis ich deine Bude finde. Meine Güte, warum habe ich nicht daran gedacht, dich zu fragen, als noch Gelegenheit dazu war?«

*

Landrut hielt nicht allzuweit vom Einkaufszentrum entfernt vor einem hell beleuchteten Geschäft, weil er fürchtete, daß Rolf Hauser, sein Begleiter, sich übergeben und den Wagen dabei beschmutzen würde. Der junge Mann saß vornübergebeugt neben ihm. Seine Schultern zuckten. Von seinem Gesicht war nichts zu sehen. Es war unter der Fülle seiner Haare verborgen.

Landrut stieg aus und entfernte sich einige Schritte vom Fahrzeug. Jetzt wurde Hauser aufmerksam. Er folgte ihm, und dabei machte er den Eindruck, als könnte er sich kaum noch auf den Beinen halten. Er ging nicht weit, sondern blieb an einem Schaltkasten stehen, beugte sich darüber und hielt sich daran fest.

Der Dealer eilte zu einem nahen Kiosk und kehrte gleich darauf mit einer schon geöffneten Flaschc Bier in der Hand zurück. Er packte den jungen Mann an der Schulter, riß ihn herum, hielt sie ihm hin und sagte: »Reiß dich zusammen! Los, trink das!«

Rolf Hauser schlug ihm mit einer wütenden Bewegung die Flasche aus der Hand. Alkohol interessierte ihn nicht, denn damit war ihm überhaupt nicht geholfen. Er brauchte eine Spritze. Er litt unter Entzugserscheinungen und unter der Belastung nach der Auseinandersetzung auf dem Parkdach. Beides zusammen war zuviel für ihn. Er stand kurz vor einem Zusammenbruch.

»Wer war das Mädchen?« stammelte er. »Wo kam die denn plötzlich her?«

»Reg dich nicht auf!« Landrut packte ihn am Pullover. »Die kennt uns nicht, und wir kennen sie nicht.«

Der junge Mann war völlig außer sich. Die Vorfälle auf dem Parkdeck hatten ihn aus dem ohnehin gestörten Gleichgewicht geworfen. Weinerlich legte er dem anderen die Hände um den Nacken und zog ihn nah zu sich heran.

»Warum hast du gesagt, daß ich schießen soll?«

»Warum! Warum!« fuhr der Blonde ihn an. »Da fragst du noch? Konnte ich denn wissen, daß er eine Waffe mitbringt? Wir waren doch selber in Lebensgefahr. Und du hattest schließlich die Pistole. Ich konnte ja nicht schießen. Wollen wir hoffen, daß er auch wirklich tot ist.«

»Nein!« wehrte Hauser sich. »Nein!«

»Doch!« betonte Landrut. »Er darf den Mund nicht mehr aufmachen. Oder wir sind geliefert. Das ist dir doch klar, oder? Du bist dann geliefert!«

Hauser hob erschrocken die Hand. Er hielt die Pistole darin und drängte sie dem Blonden auf.

»Idiot!« Zornig nahm Landrut die Waffe entgegen und ließ sie in seine Manteltasche gleiten. »Mußt du sie mir unbedingt hier auf offener Straße zeigen?«

*

Etwa zu der Zeit, als Landrut versuchte, den rauschgiftsüchtigen Rolf Hauser zu beruhigen, fuhr Oberinspektor Derrick zusammen mit seinem Assistenten Harry Klein auf das Parkdeck des Einkaufszentrums. Mehrere Fahrzeuge der Polizei und ein Notarztwagen waren bereits dort. Beamte mit starken Handlampen suchten den Asphalt nach Spuren ab. Plastikbänder sicherten den Tatort gegen Neugierige ab.

Klein stieg in das Rettungsfahrzeug und warf einen kurzen Blick auf den Mann, der dort unter einem Laken lag. Sein Körper war von den Füßen bis hoch zum Hals abgedeckt. Das Gesicht lag noch frei. Klein zog das Laken höher. Der Mann war tot.

Derrick ging zu dem Arzt, der ihn am Fahrzeug erwartete.

»Guten Abend, Doktor!« grüßte er.

»Guten Abend!« erwiderte der Mediziner, der ihm von anderen Einsätzen her bekannt war. »Wir haben getan, was wir konnten, aber alle Reanimationsversuche blieben erfolglos. Das ist jetzt Ihr Fall, Derrick. Der Mann wurde erschossen.«

Einer der Beamten trat heran und überreichte dem Oberinspektor die Ausweispapiere, die er in den Taschen des Toten gefunden hatte. Derrick nahm sie entgegen und blätterte sie durch.

»Hans Seelmann«, las er ab. »Alwinstraße 12. Na dann ...«

*

Als sie das Haus sah, erkannte sie es wieder, und nun brauchte sie keine Bestätigung mehr. Haustürschlüssel und Wohnungstürschlüssel paßten.

Es hatte lange gedauert, bis sie die richtige Adresse gefunden hatte – Alwinstraße 12, doch dann war es schneller gegangen, als sie gedacht hatte.

Nervös hastete sie durch die Wohnung und suchte ihre Sachen zusammen. Sie war tief erschüttert von dem Vorfall auf dem Parkdeck, und sie hatte Mühe, ihre Gedanken zusammenzuhalten. Sie hatte schon viel erlebt, aber bei einer Schießerei war sie noch nicht dabeigewesen. Nie war sie auch nur in die Nähe eines so schweren Verbrechens gekommen.

Hastig stopfte sie ihre Sachen in den Koffer, trug ihn dann zur Tür und stellte ihn neben dem Karton ab. Dann rannte sie ins Schlafzimmer und suchte die Zeichnungen zusammen, die auf dem Bett, den Sesseln und dem Fußboden verstreut lagen. Sie legte sie in die Mappe, und dabei zwang sie sich, ruhig zu bleiben, um keines der Blätter zu beschädigen oder zu knicken. Die Bilder waren ihr Kapital, und nun war sie mehr denn je auf sie angewiesen.

Immer wieder mußte sie an die letzten Worte Seelmanns denken.

Hau ab! Laß dich da bloß nicht reinziehen!

Sie nahm seine Warnung ernst. Sehr ernst, denn er hatte allzu teuer dafür bezahlt, daß er mit Rauschgift gehandelt hatte.

Als sie glaubte, ihre Sachen eingesammelt und nichts

zurückgelassen zu haben, klemmte sie sich die Mappe unter den Arm, lief zur Tür und streckte die freie Hand nach dem Koffer und dem Karton aus.

In diesem Moment klingelte es an der Tür. Zu Tode erschrocken blieb sie stehen. Das Herz schlug ihr bis zum Hals, und eine lähmende Schwere überfiel ihre Beine. Sie saß in der Falle.

Verzweifelt suchte sie nach einem Ausweg, fand jedoch keinen. Die Wohnung lag im vierten Stockwerk des Hauses, so daß sie nicht über den Balkon oder die Terrasse verschwinden konnte.

In ihrer Angst ging es in ihrem Kopf wirr durcheinander, und es gelang ihr nicht, Ordnung in ihre Gedanken zu bringen.

Sie konnte die Wohnung nicht verlassen, ohne von demjenigen gesehen zu werden, der vor der Tür stand. In der Wohnung bleiben konnte sie aber auch nicht, weil hier früher oder später jemand auftauchen würde, dem sie nicht begegnen wollte. Vielleicht erschienen die Männer, denen Seelmann das Rauschgift hatte verkaufen wollen. Möglicherweise befürchteten sie, daß es Hinweise auf sie in der Wohnung gab, die sie beseitigen mußten, bevor die Polizei sie entdeckte. Irgendwann aber würden auch die Männer von der Kripo kommen. Wie sollte sie ihnen erklären, daß sie sich in der Wohnung aufhielt und nicht auf ihr Klingeln reagierte? Machte sie sich dadurch nicht verdächtig?

Ihr blieb keine andere Wahl: Sie würde die Wohnungstür öffnen müssen.

Als es abermals klingelte, legte sie ihre Hand auf den Türgriff, drückte ihn hinunter, so daß die Tür aufsprang, und zog sich furchtsam einige Schritte zurück. Der Atem stockte ihr, als zwei Männer eintraten.

Ihr Hals war trocken, und sie brachte keinen Laut hervor. Sie hatte sich keine Erklärung für ihren Aufenthalt in dieser Wohnung zurechtgelegt. Auch die beiden Männer schwiegen zunächst.

Der eine der beiden Männer war elegant gekleidet und hatte graues Haar, das er glatt zurückgekämmt hatte. Er trug eine dunkle Hornbrille. Der andere war deutlich kleiner als er.

»Kriminalpolizei! Guten Abend! Derrick ist mein Name. Und wer sind Sie?« Der Grauhaarige zeigte ihr seinen Ausweis, kümmerte sich dann nicht weiter um sie, sondern ging an ihr vorbei und warf einen prüfenden Blick in die anderen Räume der Wohnung. Er wollte sich vergewissern, daß niemand da war, der sie überraschen konnte.

»Sie wollten gerade gehen?« fragte der andere Beamte und bat sie, ihm ihre Papiere zu zeigen.

Sie tat es, und er las vor: »Jugendheim St. Benno. Entlassungsschein. Von heute.«

Sie versuchte, an ihm vorbeizukommen und aus der Wohnung zu flüchten, doch Derrick trat ihr schnell in den Weg und hielt sie fest.

»Moment!« rief er. »Moment, nicht doch! Wir wollen uns noch ein bißchen unterhalten.«

Bei dem kleinen Gerangel war ihr der Hut ins Gesicht

gerutscht. Er schob ihn ihr behutsam in den Nacken zurück. Es war seltsam. Sie fand, daß er ein angenehmes Wesen hatte, und wie er mit ihr umging, gefiel ihr. Obwohl er ein Polizist war, faßte sie Vertrauen zu ihm. Das war ihr noch nie zuvor passiert.

»Eben«, sagte der andere. »Wir sind noch nicht fertig. Hans Seelmann, der Inhaber dieser Wohnung, wurde auf einem Parkdeck erschossen. Was machen Sie hier?«

Sie trat näher an ihn heran und brachte noch immer keinen Laut hervor. Widerborstig wich sie seinen Blikken aus.

»Nun, was machen Sie hier?« wiederholte er und wurde dabei ein wenig energischer.

»Versprechen Sie mir, daß Sie mir glauben werden, was ich sage!« forderte sie.

»Hm, ja«, entgegnete er gelassen. Er beobachtete sie, und er bewertete ihre Reaktion. Die Nachricht vom Tod Seelmanns hatte sie nicht überrascht und auch nicht betroffen gemacht. Für ihn lag nahe, daß sie bereits informiert war. »Warum nicht? Lassen Sie mal hören!«

Sie fuhr ebenso erbittert wie temperamentvoll herum.

»Weiß der Teufel, was mit mir los ist!« schrie sie. »Wieso gerate ich da rein? Ich habe mit der ganzen Sache nichts zu tun.«

In komischer Verzweiflung packte sie den Hut mit beiden Händen an der Krempe und zog ihn sich mit einem Ruck über die Augen, so als ob sie glaubte, daß man sie nicht mehr sehen könnte, wenn sie nichts mehr sah.

*

Rolf Hauser hatte sich von Landrut getrennt. Mit der U-Bahn war er in einen jener Vororte hinausgefahren, in dem die Reichen der Stadt unter sich waren, in dem sich eine teure Villa an die andere reihte, in dem man von einem Jugendheim St. Benno noch nicht einmal gehört hatte und in den sich Mädchen wir Ursula kaum je verirrten.

Rolf Hauser schleppte sich keuchend und immer wieder von Weinkrämpfen geschüttelt an den Hecken der Vorgärten entlang, bis er schließlich vor einem der teuersten Anwesen stehenblieb. Er nahm kleine Steinchen vom Gehweg auf und schleuderte sie gegen eines der Fenster im oberen Stock. Es war beleuchtet.

Er legte die Hände an den Mund und rief mit gedämpfter Stimme: »Bruno! Bruno!«

Die Gardine glitt zur Seite, und ein junger Mann blickte auf die Straße herab. Er erkannte den Besucher, und obwohl er sichtlich überrascht war, reagierte sofort.

»Rolf! Warte! Ich komme.«

Rolf Hauser lehnte sich mit dem Rücken gegen die mannshohe Gartenpforte. Nur wenige Sekunden verstrichen, dann kam sein jüngerer Bruder Bruno aus dem Haus geeilt und öffnete ihm.

»Rolf, was ist los?« Er war ganz anders als Rolf, gab ganz das Bild des wohlerzogenen, jungen Mannes aus gutem Hause ab, der selbst dann noch gepflegt und adrett auftritt, wenn er gerade aus dem Bett gekommen ist. Er schien sich sogar gekämmt zu haben, bevor er sein Zimmer verlassen hatte. Während Rolfs wilde Lockenmähne schon lange nicht mehr unter der Schere eines Friseurs gewesen war, trug Bruno sein Haar nach neuester Mode gestylt.

»Kannst du mir helfen?« keuchte der nächtliche Besucher. »Es ist etwas passiert. Etwas ganz Fürchterliches.«

»Leise!« zischte Bruno ihm zu. »Sei leise! Du weckst ja alle auf! Willst du das?«

Er legte den Arm um Rolf, führte ihn ins Haus und die Treppe hinauf in das obere Stockwerk der Villa. Sein Bruder war so erschöpft, daß er sich kaum noch auf den Beinen halten konnte. Verschwitzt und heftig atmend ließ er sich oben im Zimmer auf ein Bett sinken. Es dauerte einige Zeit, bis er wieder zu Atem kam.

»Ich habe einen Menschen getötet«, berichtete er danach.

Bruno blickte ihn bestürzt an. Fassungslos schloß er die Tür hinter sich und ging zu ihm.

»Was hast du?« fragte er. »Sag das noch einmal!«

Verzweifelt und immer wieder von Weinkrämpfen geschüttelt berichtete sein Bruder, was geschehen war.

»Ich weiß nicht, woher dieses Mädchen kam. Sie hat alles gesehen. Vielleicht hat er sie mitgebracht. Ich weiß es nicht. Sie hat gesehen, wie ich geschossen habe. Ja, ich habe es getan, aber nur, weil er immer wieder gerufen hat: ›Schieß! Schieß!‹« Die Stimme versagte ihm, und er mußte eine Pause machen.

Bruno beugte sich über ihn und krallte beide Hände in seinen Pullover.

»Du und dein verdammtes Rauschgift!« schrie er ihn an. »Ich habe dir immer wieder gesagt, daß du die Finger davon lassen sollst, weil es dich umbringen wird. Und jetzt hat es dich zum Mörder gemacht!«

»Ich wollte es nicht, Bruno, bitte glaube mir doch«, stammelte sein Bruder. »Er kam auf mich zu, immer näher – und da habe ich geschossen. Ich hatte Angst, schreckliche Angst.«

Von beiden unbemerkt war die Tür aufgegangen, und der Vater der beiden war eingetreten. Er war groß und schlank. Das schüttere Haare war ergraut. Das etwas rundliche Gesicht hatte weiche Züge vor allem um den Mund herum, war aber dennoch von Disziplin und Strenge geprägt. Die dunklen Augen beherrschten das Gesicht eines Mannes, der sich den Sechzigern näherte, der jedoch aufgrund seiner Aktivität und seines Tatendrangs noch immer mitten im Geschäftsleben stand. Sie waren kalt und verrieten nichts von den Gefühlen, die diesen Mann bestimmten.

Über dem Pyjama trug er einen eleganten Hausmantel. Rasch trat er an das Bett heran und zog Bruno zurück. Er tat es so heftig, daß er den jungen Mann bis an die Wand zurückdrängte.

»Was ist hier los?« fuhr er ihn an, wartete jedoch die

Antwort nicht ab, sondern wandte sich dem anderen zu. »Ach, du bist es, Rolf! Hast du mal wieder den Weg nach Hause gefunden? Was ist passiert?«

Er sagte nicht: *Wie schön, daß du da bist, Junge. Endlich kommst du mal wieder nach Hause.* Oder: *Wie sehr ich all die Zeit gehofft habe, dich endlich wiederzusehen.*

Und er fragte nicht: *Wie geht es dir? Was kann ich für dich tun? Fehlt dir etwas?*

Er setzte voraus, daß seinem Sohn etwas Schlimmes widerfahren war oder daß dieser einen wie auch immer gearteten Schaden angerichtet hatte. Von vornherein gab er zu erkennen, daß er von ihm keine positive Nachricht erwartete, sondern nur eine schlechte. Er brachte ihm keinen Funken Vertrauen entgegen, ignorierte seinen Zustand und wollte nur wissen, ob ihm oder der Familie eine Gefahr drohte, der rechtzeitig zu begegnen war, bevor sie sich noch mehr ausweitete und vielleicht nicht mehr zu bewältigen war.

»Er hat einen Menschen umgebracht«, antwortete Bruno und berichtete, was ihm sein Bruder erzählt hatte. Doch das war dem Vater nicht genug. Er ließ sich alles ausführlich noch einmal von Rolf beschreiben. Diesem fiel es schwer, seine Worte zu wiederholen, doch sein Vater gab nicht nach. Er fragte, bis er sich gründlich informiert hatte, und ließ sich dabei durch die immer wieder auftretenden Weinkrämpfe seines Sohnes nicht aus der Fassung bringen.

»Man müßte die Frau ausfindig machen, die dich gesehen hat«, stellte er danach in seiner pragmatischen, zupackenden Art fest, in der für Gefühle kein Platz war. »Die Zeugin, die dich identifizieren kann.«

Bruno bemühte sich um seinen unglückseligen Bruder, der immer stärker unter Entzugserscheinungen litt und keuchend nach Atem rang. Er zog ihn hoch und schüttelte ihn.

»Rolf, hör zu!«

»Es wäre eine Möglichkeit«, fuhr der Vater fort, »dir zu ersparen, dein Leben in einem Gefängnis zu beenden. Falls man das noch Leben kennen kann.«

Ein Vater in Sorge

Ursula wäre am liebsten davongelaufen, um einen möglichst großen Abstand zwischen sich und die Vorfälle der Nacht zu bringen, doch das ließen Oberinspektor Derrick und sein Assistent Klein nicht zu. Und so redete sie.

»Er hat gesagt, komm mit, aber zeige dich nicht. Es ist nur, weil ich vielleicht einen Zeugen brauche. Und dann habe ich diese zwei Leute gesehen, und wie einer von ihnen geschossen hat«, berichtete sie.

Derrick und Klein befragten das Mädchen noch in der Wohnung des getöteten Seelmann.

»Also, jetzt mal in aller Ruhe und ohne alle Angst«, bat der Oberinspektor. »Schauen Sie, wir glauben Ihnen ja, wenn Sie sagen, daß Sie da ohne Ihr Zutun in etwas hineingeraten sind. Aber wir brauchen genaue Angaben. Also bitte. Erinnern Sie sich. Ganz genau. Für uns.«

Es war die menschliche Art Derricks, jene Wärme und Glaubwürdigkeit, die sie Vertrauen fassen ließ. Dieser Polizist war anders als jene, mit denen sie es bisher zu tun gehabt hatte. Er verurteilte sie nicht von vornherein, sondern er hörte ihr zu und zeigte Verständnis. Er behandelte sie nicht rüde, als wäre sie ein Mensch zweiter Klasse, war vielmehr ihr gegenüber sogar höflich. Ein derartiges Verhalten hatte sie bei einem Polizisten noch nicht erlebt.

Ursula gab sich Mühe, und sie wiederholte ihre Aussage später im Büro des Oberinspektors im Polizeipräsidium, bis sie so müde war, daß ihr beinahe die Augen zufielen.

Als Harry Klein ihr das schriftliche Protokoll vorlegte und sie bat, es sorgfältig durchzulesen, bevor sie es unterschrieb, gähnte sie und griff nach einem Kugelschreiber. »Ich unterschreibe immer alles.«

»Wollen Sie es nicht noch mal durchlesen?« fragte er.

»Wieso? Ist etwas nicht in Ordnung?«

»Es steht genau das drin, was Sie uns erzählt haben.«

»Na, dann kann ich doch unterschreiben.«

»Ja, aber ich bin dazu verpflichtet, Sie darauf aufmerksam zu machen, daß Sie nur das unterschreiben dürfen, was Sie zuvor durchgelesen haben.«

Sie stöhnte genervt und verdrehte die Augen ob seines Verhaltens, das ihr bürokratisch vorkam.

»Warum fahren Sie mich denn so an?« klagte sie wiederum in ihrer renitenten Art.

»Ich fahre Sie überhaupt nicht an«, erwiderte Klein. »Ich bin zu dieser Belehrung verpflichtet.«

»Belehrung!« Sie spuckte dieses Wort förmlich aus.

»Schon gut, Fräulein Kieler«, schaltete Derrick sich nun ein. Ruhig und gelassen ging er um den Schreibtisch herum. »Schauen Sie – Belehrung ist kein böse gemeintes Wort. Tja, was machen wir denn jetzt mit Ihnen?«

»Wie?« Sie richtete sich argwöhnisch auf. »Was soll das heißen: Was machen wir jetzt mit Ihnen?«

»Nun, ja ... Sie haben keine Adresse. Wir müssen Sie jederzeit erreichen können. Die Frage ist: Wo können wir das?«

»Man hat mir da was mit auf den Weg gegeben«, seufzte sie, kramte in den Taschen ihrer Jacke herum, bis sie schließlich einen Zettel fand. Sie gab ihn Derrick. »Den Namen einer Fürsorgerin.«

Der Oberinspektor faltete ihn auseinander.

»Wollen Sie da vielleicht jetzt anrufen?« staunte sie. »Jetzt?«

»Ja«, gab er beiläufig zurück, als spiele die späte Stunde überhaupt keine Rolle, wenn es darum ging, sie zu versorgen und unterzubringen.

»Ach, die kriegt einen Schlag, wenn die hört, was los ist«, stöhnte sie, gähnte ausgiebig und rutschte mit ihrem Ellbogen auf den Schreibtisch. Ihr war anzusehen, daß sie ihren Kopf am liebsten auf den Arm gelegt und geschlafen hätte.

»Ach, eine Fürsorgerin steckt schon was weg«, tröstete Derrick sie und lächelte ihr aufmunternd zu. Er war so leicht nicht zu erschüttern. Er reichte Harry den Zettel. »Ruf da mal an ...!«

*

Frau Ismay war eine zierliche Person. Sie sah müde aus. Das Haar hatte sie sich flüchtig zurechtgesteckt. Aufrecht und voller Ablehnung stand sie in der Tür und machte zunächst keinerlei Anstalten, den Weg freizugeben. Mißbilligend blickte sie Ursula an und trat erst zur Seite, als Harry Klein sie dazu aufforderte. Er führte das Mädchen in die Wohnung.

»Den ganzen Tag über habe ich darauf gewartet, daß sie sich meldet«, klagte die Fürsorgerin. »Und jetzt – nachts um zwei Uhr – wird sie von der Polizei gebracht. Wieso von der Polizei?«

»Keine Sorge«, erwiderte der Inspektor. Er war bemüht, die Fürsorgerin zu beruhigen und ihr zu vermitteln, daß es nicht angebracht war, das Mädchen mit Vorwürfen oder gar Beschuldigungen zu empfangen. »Sie hat nichts angestellt. Sie ist Zeugin in einem Mordfall.«

»Zeugin in einem Mordfall?« Frau Ismay war entsetzt, und sie versuchte nicht, es zu verbergen. Für sie schien es schon anrüchig zu sein, Zeuge bei einem Verbrechen zu werden. »Ich denke – sie ist heute entlassen worden. Heute mittag. Wie kann man in so wenigen Stunden Zeugin sein? In einem Mordfall!«

Sie hörte nicht richtig zu, und sie ging immer noch davon aus, daß Ursula etwas falsch gemacht hatte.

»Also, ich wiederhole es noch einmal«, betonte Harry. »Fräulein Kieler hat sich nichts zuschulden kommen lassen. Ist das klar?«

Er verabschiedete sich und ging zur Tür, wo das Mädchen noch immer mit dem Gepäck in ihren Händen stand, trotzig und mit geschürzten Lippen. Sie hatte nichts anderes erwartet als Vorwürfe. Das kannte sie schon. Ob sie sich richtig verhielt oder falsch, ob sie Schuld hatte oder nicht – solche Worte bekam sie immer zu hören.

Harry lächelte ihr aufmunternd zu, und dann tippte er mit dem Finger die Krempe ihres Hutes an. Mit dieser kleinen Geste gab er ihr zu verstehen, daß er Sympathie für sie empfand und daß er es gut mit ihr meinte. Er wollte sie aufmuntern, und sie war ihm dankbar dafür.

Als sich die Tür hinter ihm geschlossen hatte, führte Frau Ismay das Mädchen in das Zimmer, in dem sie für den Rest der Nacht schlafen sollte.

»Also, ich will dir mal was sagen«, bemerkte sie in verweisendem Ton. »Wenn man Zeugin ist in einem Mordfall, dann muß man schon sehr in der Nähe gewesen sein.«

Ursula entgegnete nichts darauf. Sie setzte ihren Koffer, die Mappe und den Karton ab und wünschte sich nur noch, endlich in Ruhe gelassen zu werden. Sie wollte nichts mehr hören. Sie wollte nur noch schlafen und möglichst nicht mehr an das denken, was geschehen war, seit sie aus der Jugendstrafanstalt entlassen worden war.

»Wieso seid ihr immer so nah dran bei dieser Art von Verbrechen?« fragte die Fürsorgerin. »Wieso eigentlich? Ich sag' dir, wieso: Weil es mit dem Charakter zu tun hat, mit dem, den ihr nicht habt.«

Ursula wandte sich ab. Was sollte diese absurde Anklage? Was konnte sie dafür, wenn sie irgend etwas nicht hatte, was andere hatten, und wenn dann etwas nur deshalb geschah, weil sie dieses Etwas nicht hatte?

Nun wurde die Stimme Frau Ismays weich und freundlich. Sie sprach zu dem Mädchen wie zu einem kleinen Kind, das noch zu unvernünftig war, als daß man ihm hätte helfen können.

»So, und nun zeige ich dir das Bad.«

Ihr Ton forderte den Widerstand Ursulas heraus.

»Darf ich jetzt auch mal was sagen?« rief sie. »Sie glauben doch nicht, daß ich gerne hier bin. Von mir aus können Sie sagen: Hau ab! Und ich gehe sofort. Außerdem bin ich müde. Ich will schlafen.«

*

In der Villa draußen in dem vornehmen Vorort von München beugte sich Hauser über seinen Sohn Rolf. Dieser hatte sich mittlerweile ein wenig beruhigt, war jedoch noch immer verstört und wirkte wie ein kleines Kind, das sich furchtsam in den Schoß seiner Eltern zurückgezogen hatte, um hier Schutz zu suchen.

Hauser war ein Mann, der es gewohnt war, Entscheidungen zu treffen. Er führte ein erfolgreiches Unternehmen mit vielen Angestellten, und er stand tagtäglich vor Problemen, die bewältigt werden mußten.

Rolf war ihm entglitten und hatte sich seit Monaten nicht mehr zu Haus blicken lassen. Er war schwach und konnte neben dem starken Vater nicht bestehen. Er hatte nicht dessen Energie, dessen Tatendrang und Disziplin und hatte für diesen Mangel nie Verständnis bei ihm gefunden. Nach häufigen und äußerst heftig verlaufenen Auseinandersetzungen im Elternhaus hatte er versucht, seinen eigenen Weg zu finden – und war gescheitert.

Daß Hauser ihn nun nicht fallenließ, war jedoch nicht nur in der Persönlichkeit des fürsorglichen Vaters begründet, der seinen Sohn schützen wollte, sondern vor allem in der Sorge um die Familie und das Unternehmen. Er wollte nicht mit einem Mordfall in Verbindung gebracht werden, weil er die Schädigung seines guten Rufes fürchtete. Sein Sohn mußte aus der Schußlinie genommen werden, am besten für eine Weile ganz aus München verschwinden.

»Also, du packst deine Koffer!« forderte er, wobei er sich über Rolf beugte und ihn auf diese Weise zwang, ihn anzusehen. »Wo hast du überhaupt gewohnt?«

»Er hat ein Zimmer«, flüsterte Bruno, der bemüht war, seine Mutter nicht zu wecken und ihr die Sorgen zu ersparen, die mit Rolf ins Haus gekommen waren. »Ich weiß, wo das ist.«

»Das muß er sofort aufgeben!« befahl Hauser. »Alle Sachen rausholen! Am besten läßt er sich dort nicht mehr blicken.«

»Das habe ich auch schon gesagt«, entgegnete Bruno. Er war mittelgroß, hatte blondes Haar und ein offenes, jungenhaftes Gesicht, das Vertrauen erweckte. »Ich mach' das schon, Vater. Ich kümmere mich darum.«

Hauser verlor kein Wort über den Getöteten. Er fragte nicht danach, wer es war und welche Hintergründe es gab. Es interessierte ihn nicht, ob dieser Mann Familie hatte, die um ihn trauerte, vielleicht Kinder, die Hilfe benötigten, oder ob sonst irgendwelche Umstände gegeben waren, die es zu berücksichtigen galt oder um die man sich kümmern mußte.

Er beugte sich wieder über seinen Sohn Rolf, der auf dem Bett lag und allmählich ruhiger und nicht mehr so laut keuchend atmete.

»Du fährst heute nacht noch zu unserem Sommerhaus!« bestimmte er. »Hörst du?«

Er rüttelte seinen rauschgiftsüchtigen Sohn. »Bist du dazu überhaupt in der Lage? Kannst du fahren?«

Hauser richtete sich auf. Der Schicksalsschlag, der ihn und seine Familie getroffen hatte, wühlte ihn auf. Er kämpfte mit sich und den in ihm aufkommenden Gefühlen, war bemüht, sich gegenüber seinen Söhnen nicht anmerken zu lassen, wie schwer er darunter litt, daß seine bisher nur wenig beschädigte Welt bis an den Rand einer Katastrophe getrieben wurde.

»Und du, Bruno«, entschied er, »du kümmerst dich um das Mädchen!«

»Ja, das werde ich schon schaffen«, antwortete sein jüngerer Sohn.

»Aber wie?«

Bruno hob hilflos die Hände und ließ sie wieder fallen. Auch ihn ließ die Situation nicht unberührt. Noch nie hatte er erlebt, daß sein Vater Gefühle zeigte, daß er litt und mit Tränen kämpfte. Die Kehle wurde ihm eng, und es machte ihm Mühe zu sprechen: »Wir müssen abwarten, ob sie im Polizeibericht erwähnt wird. Ich habe Freunde bei der Presse, die Zugang zu diesen Informationen haben. Die könnte ich fragen. Ich meine, da gibt es Möglichkeiten.«

Frau Hauser kam ins Zimmer. Erstaunt blickte sie sich um.

»Was ist los?« fragte sie. Dann trat ihr Mann zur Seite, und sie entdeckte ihren älteren Sohn, den sie seit Monaten nicht mehr gesehen hatte. Sie eilte zu ihm.

Eine Stunde später saß Rolf Hauser im VW seines Bruders. Seine Augen waren nun klar, und er hatte sich weitgehend erholt. Zu seiner Überraschung hatte Bruno ihm eine geringe Menge des Stoffes besorgt, den er dringend benötigte, um über die nächsten Tage zu kommen. Er übergab ihm noch etwas mehr, als er im Auto saß und abfahren wollte.

»Danke, Bruno«, sagte Rolf gerührt. »Und entschuldige.«

»Schon gut«, erwiderte Bruno. »Fahr vorsichtig! Ich helfe dir, so gut es geht. So gut ich kann.«

*

Um mit der Hilfe und Unterstützung Ursula Kielers eine Phantomzeichnung anfertigen zu lassen, ließ Oberinspektor Derrick das Mädchen schon früh von der Wohnung der Fürsorgerin abholen und ins Präsidium bringen.

Als sie danach im seinem Büro zusammenkamen, hielt er die Zeichnung hoch. Sie zeigte einen jungen Mann mit gut geschnittenen Gesichtszügen und langen, wirren Haaren. Sie war gelungen und wies eine erstaunliche Ähnlichkeit mit Rolf Hauser auf. Doch das Mädchen war nicht zufrieden. Sie war unsicher und wußte nicht so recht, ob sie sich auf ihre Erinnerung verlassen durfte.

»Ist das der Mann?« fragte Harry Klein. »Was meinen Sie? Ist es ihm ähnlich?«

»Er ist es, oder er ist es nicht!« Die Arbeit mit der Polizei war ihr zuviel gewesen, und sie hatte Angst, sich festzulegen. Würde man ihr den Fehler nicht anlasten, den sie möglicherweise beging, und sie später dafür verantwortlich machen? Wie oft hatte sie das schon erlebt! »Herrgott, so sehen doch viele Leute aus!«

»Das Bild ist nach Ihren Angaben gezeichnet worden.«

»Na, gut, meine Angaben! Was für Angaben?«

»Also ist er es?« Klein wurde ungeduldig.

»Ein bißchen ja – ein bißchen nein.« Sie zuckte mit den Achseln. »Mehr kann ich Ihnen nicht sagen. Tut mir leid.«

Derrick ließ sich nicht aus der Fassung bringen. Es war nicht das erste Mal, daß ein Zeuge oder eine Zeugin sich plötzlich nicht mehr so genau erinnerte und sich nicht auf ein bestimmtes Bild des Täters festlegen wollte. Er hatte Verständnis für sie und die ungewöhnliche Situation, in der sie sich befunden hatte. Nachdem Seelmann niedergeschossen worden war und sie unbedacht ihre Deckung verlassen hatte, war ihr Leben in höchster Gefahr gewesen. Allzu leicht hätten die Täter sie als Zeugin ebenfalls beseitigen können. Das war ihr in dem Moment bewußt geworden, als sie dem Mörder in die Augen geblickt hatte. In einer solchen Lage prägt man sich nicht unbedingt das Aussehen eines Mannes so genau ein, daß man es später mit Hilfe einer Phantomzeichnung richtig wiedergeben konnte.

»Was werden Sie denn jetzt machen?« fragte er. »Wir brauchen Sie noch.«

Sie setzte sich auf den Stuhl vor seinem Schreibtisch und beugte sich nah an ihn heran.

»Muß ich denn dort bleiben, wo ich jetzt bin?« Sie fühlte sich eingeengt, wollte endlich ein Gefühl der Freiheit haben und nicht immer nur an die Fürsorgerin gekettet sein.

Er blickte ihr in die Augen, und er konnte sie verstehen. Für sie war es ganz sicher nicht angenehm, in der Gesellschaft der Fürsorgerin zu leben, die sie auf Schritt und Tritt überwachte, so wie sie im Jugendheim ständig beobachtet worden war, und die mit Belehrungen sicherlich nicht sparte. Derrick hatte seine Erfahrungen mit Fürsorgern gemacht, und sie waren nicht immer gut gewesen.

»Na ja«, erwiderte er ebenso leise und mit einem warmherzigen Lächeln. »Wenigstens ein paar Tage.«

Der zweite Mann

Hauser saß in seinem Büro hinter seinem Schreibtisch, als sein Sohn Bruno eintrat und von den Nachforschungen berichtete, die er angestellt hatte, um seinem Bruder Rolf zu helfen.

Das Büro war groß, geräumig, mit kühler Eleganz eingerichtet und geradezu klinisch rein. Es paßte zu dem rationell denkenden und handelnden Mann, der von hier aus seine Fäden zog und sein Unternehmen leitete. In dieser Welt der Geschäfte war für Gefühle kein Platz. Hauser hatte erste Schritte unternommen, um sich, seine Familie und seinen Sohn zu schützen und die Anonymität zu bewahren, die sie in diesem Fall besonders benötigten.

»Hast du etwas erfahren?« fragte er und teilte seiner Sekretärin über die Gegensprechanlage mit, daß er in den nächsten Minuten auf keinen Fall gestört werden wollte.

»Die Presse ist ungeheuer hinter dem Fall her«, berichtete Bruno. Er strich sich das blonde Haar aus der Stirn. »Aber die Polizei ist zurückhaltend, nur eines ist klar: daß das Mädchen selbst mit dem Fall nichts zu tun hat. Sie ist eine Entlassene aus einem Jugendheim.«

»Das paßt alles zusammen«, kommentierte Hauser senior.

»Sie soll erst gestern entlassen worden sein. Da gibt es vielleicht einen Weg herauszufinden, wer sie ist.«

Hauser zog einige Pläne zu sich heran und begann darin zu blättern.

»Ich verlasse mich auf dich, Bruno«, sagte er. »Finde das Mädchen! Sag ihr, was sie tun soll und was sie dafür bekommt. Tu es für deinen Bruder und für die Familie. Und noch etwas – es gibt da einen zweiten Mann.«

»Ich weiß – den Mann, der das Rauschgift kaufen wollte und der alles eingefädelt hat«, erwiderte Bruno. »Ich habe seinen Namen: Hans Landrut. Rolf hat ihn mir genannt. Ich weiß auch, wo sich dieser Mann tagsüber gewöhnlich aufhält und was er so treibt.«

*

Bald darauf betrat Bruno Hauser ein Lokal, das hauptsächlich von Billardspielern besucht wurde. An mehreren Tischen standen kleine Gruppen von Besuchern und verfolgten die Aktionen der Spieler. Es war still im Raum. Nur das Klicken der Elfenbeinkugeln war zu hören, wenn sie gegeneinanderprallten, oder ihr Poltern, wenn sie die grüne Filzfläche verließen und in die Führungen unter den Tischen hinabfielen.

An einem der Tische spielte ein mittelgroßer Mann. Er hatte leicht gewellte, blonde Haare, trug ein geblümtes Freizeithemd und rote Hosenträger darüber. Als Bruno an ihn herantrat, blickte er unwillig auf. Er mochte nicht gestört werden und wollte den jungen Mann schon verweisend anfahren, als dieser fragte: »Sind Sie Hans Landrut?«

»Warum? Wer will das wissen?«

»Ich bin Bruno Hauser«, antwortete der junge Mann. Er trat selbstsicher auf, ohne überheblich zu wirken, und er zeigte keine Spur von Nervosität. Wenn er sich dessen bewußt war, daß er es mit einem Schwerkriminellen zu tun hatte, dann ließ er es sich nicht anmerken. »Der Name ist Ihnen wohl nicht ganz unbekannt.«

»Kommen Sie mit!« forderte der Dealer ihn auf. Er zögerte nicht lange, sondern ließ sofort erkennen, daß ihm klar war, worum es ging. Er führte ihn zur Theke. Mit einem knappen Befehl schickte er den Barkeeper weg, und dieser gehorchte ohne Widerspruch, als habe er den Weisungen des Eigentümers des Lokals oder doch eines Vorgesetzten zu folgen.

Landrut wirkte äußerlich ruhig und gelassen. Nur seine Stimme verriet, unter welcher inneren Anspannung er stand. Nach dem unvorhergesehenen Verlauf des Rauschgiftdeals befürchtete er nun weitere Schwierigkeiten.

»Sie sind der Bruder von Rolf«, stellte er fest, als sie

allein an der Theke standen. Er war zurückhaltend und vorsichtig. »Er hat oft von Ihnen gesprochen. Was ist mit ihm? Er meldet sich nicht. In seiner Wohnung ist er nicht. War er bei Ihnen?«

Bruno nickte.

»Hat er Ihnen erzählt, was passiert ist? Wo ist er jetzt?«

»Wir haben ihn aus München hinausgebracht«, wich der junge Mann aus und gab ihm damit zugleich zu verstehen, daß er weitere Informationen über den Aufenthalt seines Bruders nicht preisgeben würde.

Landrut atmete erleichtert auf. Ein Lächeln entspannte sein Gesicht.

»Sehr gut. Raus aus München. Das ist sehr gut«, freute er sich. »Ich habe nämlich Angst, daß er durchdreht. Hat er Ihnen von dem Mädchen erzählt?«

»Allerdings.«

»Weiß der Himmel, wo die herkam«, sagte Landrut. »Sie stand plötzlich da wie aus dem Boden gewachsen. Und sie hat uns beide gesehen.«

»Ja, ich weiß«, entgegnete Bruno. »Darum geht es jetzt. Ich weiß nicht, wer diese Zeugin ist. Sie darf niemanden sehen. Meinen Bruder nicht – und Sie nicht.«

Landrut wurde immer ruhiger. Er wußte, daß die größte Gefahr für ihn bereits vorbei war. Rolfs Bruder war offensichtlich nicht erschienen, um ihn zur Rechenschaft zu ziehen oder ihm Schwierigkeiten zu machen, sondern um mit ihm gemeinsam mögliche Komplikationen zu vermeiden und Bedrohungen durch die Zeugin abzuwenden. Vor allem war er nicht da, um einen Anteil an der Beute zu fordern, die er auf dem Parkdeck gemacht hatte, als er nicht nur das Heroin an sich gebracht, sondern auch das Geld dafür wieder mitgenommen hatte.

»Das hier ist mein Stammlokal. Hier fällt es auf, wenn ich nicht da bin.« Er trat nahe an Bruno heran und blickte ihn mit einem gewinnenden Lächeln an. Jetzt war er ganz sicher, daß er zumindest von dieser Seite für sich und seine Geschäfte nichts zu fürchten brauchte. »Also keine Angst. Ich zeige mich nicht. Und darüber reden werde ich auch nicht. Ich hänge doch mit drin.«

»Gut.« Bruno war zufrieden. Sein Besuch in diesem Lokal und bei Landrut war weitaus weniger schwierig gewesen, als er befürchtet hatte.

*

Bruno war kaum nach Hause zurückgekehrt und hatte einige Worte mit seiner Mutter gewechselt, als sein Vater aus dem Büro kam, um sich zu informieren. Ihm war besonders wichtig, im Haus mit seinem Sohn zu reden, wo sie unter sich waren und ihnen niemand zuhören konnte.

Seine Frau ging ihm einige Schritt entgegen. Sie war in seinem Alter, eine in sich ruhende Persönlichkeit, die sich jedoch voll und ganz der Dominanz ihres Mannes beugte.

»Wir haben gerade erfahren, wer das Mädchen ist«, empfing sie ihn.

»Ich habe das Jugendheim angerufen und gefragt, wer gestern entlassen worden ist«, fügte Bruno hinzu und erhob sich von dem Sofa, auf dem er gesessen hatte. »Sie heißt Kieler. Ursula Kieler. Sie hat die Adresse von einer Fürsorgerin bekommen.«

»Die Adresse hat man uns ebenfalls gegeben«, sagte sie.

»Das ist gut«, meinte Hauser. Mitten im Raum blieb er stehen. »Das ist sehr gut.«

»Glaubst du, daß wir unserem Jungen damit helfen können?« fragte sie.

»Ich weiß es nicht«, gab er nachdenklich zu. Er erwog die Möglichkeiten, die sich nun für sie ergeben hatten. »Aber es ist eine Chance.«

»Hoffentlich bringen wir uns damit nicht selbst ins Unglück«, seufzte sie in ihrer etwas naiven Art. Sie war verunsichert. Bisher war ihre Welt kaum beeinträchtigt worden, da der rauschgiftsüchtige Rolf nicht zu Hause, sondern irgendwo in der Stadt wohnte. Doch nun war sie selber betroffen. Er war ins Haus zurückgekehrt und hatte durch die Ereignisse, in die er verwickelt worden war, mehr Unruhe hereingebracht, als sie zu verkraften gewohnt war.

»Sind wir da nicht schon drin?« entgegnete er schroff und sichtlich verärgert, da sie die möglichen Konsequenzen der Ereignisse anscheinend noch nicht erkannt hatte. Er sprach an, um was es ihm wirklich ging: »Wir haben einen Mörder in der Familie! Jetzt muß uns der Liebe Gott helfen, daß es nicht bekannt wird.«

Er wandte sich an seinen Sohn.

»Na los, Bruno!« forderte er. »Mach ihre Bekanntschaft!«

Sein Sohn lächelte. Ihm gefiel, wie er sich für die Familie einsetzte und daß er ihm so viel Vertrauen entgegenbrachte. Noch wußte er nicht, wie er das Mädchen kennenlernen und was er tun sollte, wenn er es geschafft hatte. Doch er war überzeugt davon, daß ihm etwas einfallen würde und daß sich die Dinge dann im Sinne der Familie regeln lassen würden. So war es immer gewesen, wenn sich Probleme für die Familie ergeben hatten: Der Vater hatte die Initiative ergriffen, eine Regelung getroffen, und dann hatte sich die heile Welt in diesem Haus irgendwie wiederhergestellt. So war es auch mit Rolf gewesen. Als sich gezeigt hatte, daß er heroinabhängig geworden war und sich nicht von seiner Sucht abwenden wollte, hatte er das Haus verlassen, um irgendwo in der Anonymität der Stadt zu verschwinden. Danach war der Vater erst wieder aktiv geworden, als er ins Haus zurückgekehrt war.

Ursula Kieler war ein Mädchen, das aus der Jugendstrafanstalt entlassen worden war. Was war von ihr schon groß zu erwarten?

Bruno war sicher, daß er spielend leicht mit ihr fertig werden würde.

*

»So, Stephan«, sagte Harry Klein, als er das Büro Derricks betrat. »Wir haben ihr alle Fotos gezeigt. Alles, was halbwegs mit der Rauschgiftszene zu tun hat, aber sie hat niemanden erkannt. Sie ist sich ganz sicher, daß der Mörder nicht dabei ist.«

»Muß er ja auch nicht«, erwiderte der Oberinspektor. »Wie geht es ihr denn?«

»Na ja.« Harry Klein lächelte. »Frech wie Oskar!«

Derrick stimmte in das Lachen ein. Er mochte das Mädchen, das sich auf seine Art behauptete. Auch wenn es dazu noch einen Hut brauchte.

Zusammen mit seinem Assistenten ging er in den Nebenraum, in dem das Mädchen zusammen mit einem Beamten lange über den Fotos gesessen hatte. Als sie ihn sah, stand sie auf.

»Tut mir leid«, bedauerte sie.

»Ach«, winkte er ab. »Es war ja bloß eine Routinesache.« Er schien den Mißerfolg ihrer Bemühungen als nicht besonders bedeutend einzustufen.

»Kann ich jetzt gehen?« fragte sie, erleichtert darüber, daß er ihr keine Vorhaltungen machte. Er war so nett zu ihr, und sie wollte ihn nicht enttäuschen. Sie hatte sich Mühe gegeben, aber wenn das Foto des Täters nicht vorhanden war, konnte sie es auch nicht aus dem Berg des vorliegenden Materials herausfinden.

»Ja, aber Sie müssen sich leider weiter zu unserer Verfügung halten. Wir müssen Sie jederzeit erreichen können«, sagte er. »Wohnen Sie eigentlich noch bei dieser Fürsorgerin?«

»Noch«, antwortete sie und ließ dabei durchblicken, wie lästig es ihr war, ständig unter Aufsicht zu stehen, und daß sie so schnell wie möglich ausziehen wollte.

Derrick lächelte verständnisvoll.

»Soll ich Sie irgendwohin bringen lassen?« bot er ihr Hilfe an.

»Nein, nein, nicht nötig! Ich gehe zu Fuß.« Sie dankte ihm mit einem befreiten Lächeln, ging an ihm vorbei, um das Zimmer zu verlassen, besann sich dann jedoch eines anderen und kehrte zu ihm zurück. »Ich bin verabredet. Ich habe da gestern jemanden kennengelernt.«

»Jemanden kennengelernt?« Derrick ließ sie fühlen, wie sehr er sich darüber freute, daß sich ein erster kleiner Hoffnungsschimmer für sie gezeigt hatte.

»Ja, einen jungen Mann.« Sie strahlte den Oberinspektor an. »Er hat mich für heute zum Essen eingeladen.«

»Dann viel Spaß!« wünschte er ihr.

»Danke!« Sie eilte zur Tür, drehte sich noch einmal um und winkte fröhlich mit ihrem Hut, bevor sie hinausging. »Tschüs!«

»Tschüs!« verabschiedete Derrick sie.

*

Ein wenig ängstlich und nervös betrat Ursula das Restaurant. Es hieß – wohl nach seiner Besitzerin – einfach Nina und war eines von der teureren Sorte, eines, in das sie sich ohne Begleitung nicht hineingetraut hätte. Ihr klopfte das Herz bis zum Hals, weil sie fürchtete, daß die Einladung vielleicht doch nicht so ernst gemeint war, wie sie geglaubt hatte.

Ihr erster Eindruck schien ihre Sorge zu bestätigen, denn den jungen Mann, mit dem sie verabredet war, entdeckte sie an keinem der Tische.

»Ich dachte schon, Sie hätten es vergessen«, sagte da jemand hinter ihr, und ihr fiel ein Stein vom Herzen. Sie drehte sich um und begrüßte Bruno Hauser mit einem strahlenden Lächeln.

»Wieso vergessen?« entgegnete sie. »Wenn mich jemand zum Essen einlädt, habe ich das noch nie vergessen. Was ist denn das für ein Laden? Sieht gut aus!«

Sie trat ganz nah an ihn heran und flüsterte: »Soll ich Ihnen was verraten? Hier wäre ich allein nie reingegangen.«

»Warum denn nicht?« Er schien verwundert zu sein.

»Ich habe einen Horror vor vornehm ...«

»Warum das denn?« Auch das schien er nicht zu verstehen.

»Kann ich nicht erklären.«

»Wir können auch woanders hingehen«, schlug er mit einem gewinnenden Lächeln vor, als käme es ihm nur darauf an, daß sie sich wohl fühlte.

»Schon gut.« Arglos ließ sie sich von ihm zu einem der Tische führen. Er war nicht nur nett, charmant, verständnisvoll und höflich zu ihr, sondern auch zurückhaltend und freundlich, und das gefiel ihr. Er war ganz anders als der betont männliche Seelmann mit seinem derben Gehabe, mit dem er den erfolgreichen Geschäftsmann herauskehrte und das sie nun als übertrieben empfand.

Bei Bruno Hauser glaubte sie förmlich riechen zu können, daß er den sogenannten besseren Kreisen angehörte, und es schmeichelte ihr, daß er sich für sie interessierte.

Dennoch stürzte sie sich nicht haltlos in ein neues Abenteuer, sondern blieb vorsichtig, wenngleich sie aus ihrer Freude und ihrer Zuneigung kein Hehl machte.

Sie war unsicher wegen des Essens und wegen der Getränke, und sie wußte nicht, wie man sich in einem so vornehmen Restaurant verhielt. Doch sie beschloß, sich nicht mehr als nötig beeindrucken zu lassen, sich einfach nur über den schönen Nachmittag und die Einladung zu freuen und ansonsten alles auf sich zukommen zu lassen.

Und wenn es danach vorbei war, nun, dann war es eben vorbei, aber was sie bis dahin genossen hatte, konnte ihr niemand mehr nehmen.

Er war geschickt, übersah ihre kleinen Fehler, als habe er sie nicht bemerkt, gab ihr behutsam Empfehlungen hinsichtlich des Essens und des dazu passenden Weins und behandelte sie, als gäbe es keine sozialen Unterschiede zwischen ihnen.

Mehr und mehr fühlte sie sich zu ihm hingezogen, und im gleichen Maße verdrängte sie die Probleme, die sie in den letzten Tagen eingeengt hatten. Sie gewann Vertrauen zu ihm, und sie glaubte, daß er es ehrlich mit ihr meinte. Wie hätte sie auch ahnen sollen, daß er der Bruder des Mannes war, der Seelmann erschossen hatte?

Er hatte überhaupt keine Ähnlichkeit mit dem Schützen. Sie hatte ihn als sehr großen Mann in Erinnerung. Er hatte sich nachlässig gekleidet, hatte wirres, langes und sehr dunkles Haar gehabt, war weinerlich, ja geradezu hysterisch gewesen, während der Mann an ihrem Tisch eher klein war, blondes, gepflegtes Haar hatte, einen Anzug aus einem feinen, schimmernden Stoff trug, eine Krawatte angelegt hatte und ein ruhiges, ausgeglichenes Wesen an den Tag legte.

Nachdem sie reichlich gegessen hatten – Lachs-Koteletts mit Krabbensauce und jungen Kartoffeln – und die Inhaberin, Nina Kuhn, persönlich an den Tisch gekommen war, um sich nach der Zufriedenheit ihrer Gäste zu erkundigen, bezahlte er, und sie verließen in ausgelassener Laune das Restaurant.

»Wissen Sie, daß das echt eine Schau war?« fragte sie ihn. »Das Essen meine ich.« Sie lachte herzlich. »Ich habe überhaupt nicht gewußt, daß es so viele Sorten Kartoffeln gibt – Attica, Christa, Gloria, Leyla – klingt wie lauter Schwestern.« Sie lachte übermütig. »Erst mal vielen Dank! Danke!«

Sie küßte ihn auf die Wange, und als er sie danach ein wenig erschrocken anblickte, lachte sie erneut. »Darf man das hier nicht?«

»Doch!« Er stimmte in ihr Lachen ein. »Mir hat es ja auch gefallen. Sehr sogar.«

Er ging zu seinem Wagen.

»Gehen wir noch irgendwohin?« fragte er in dieser Art, die sie als so angenehm empfand und die sie zu nichts verpflichtete. »Wir können ja noch einen Ausflug machen.«

»Hört sich gut an«, erwiderte sie, und als er sie dazu aufforderte, stieg sie zu ihm in den Wagen. Nun aber erlosch ihr Lächeln. Sie griff in die Tasche und holte einige Papiere hervor. »Bevor wir losfahren, zeige ich dir erst einmal etwas.«

Sie hielt ihm die Papiere hin – den Paß mit einigen einliegenden Bescheinigungen –, und er nahm sie, schlug das kleine Buch jedoch nicht auf. Erstaunt blickte er sie an. Sie beobachtete ihn genau, und sie hatte den Eindruck, daß er überhaupt nicht erkannte, was aus ihrer Warte doch so deutlich sichtbar war.

»Was ist denn das?«

»Da habe ich ein Jahr lang gewohnt«, erläuterte sie, und nun klang ihre Stimme nicht mehr so weich wie zuvor, sondern war hart geworden, und in ihr schwang die Aggressivität mit, hinter der sie sich gern versteckte und Schutz suchte. Sie wollte ehrlich mit ihm sein und ihm von Anfang an reinen Wein einschenken. Auf keinen Fall wollte sie, daß sich etwas zwischen ihnen entwickelte, ohne daß er über die dunkle Seite ihrer Persönlichkeit informiert war. »Jugendheim!«

Sie ließ ihn nicht aus den Augen, und sie war sich sicher, daß er sie nun ablehnen würde. Sie wartete gar nicht erst darauf, daß er nach Ausflüchten suchen und ihr in seiner ruhigen und gelassen Haltung beibringen würde, daß nun doch nichts aus ihrem Ausflug werden konnte, weil er vergessen habe, dieses oder jenes zu erledigen.

Sie nahm ihm die Papiere wieder ab, öffnete die Beifahrertür und wollte aussteigen. Doch er hielt sie am Arm fest.

»Bleib doch!« Er suchte nicht die befürchteten Ausflüchte. »Bitte, bleib! Das spielt keine Rolle für mich. Wirklich nicht. Bei Gelegenheit erzählst du mir mal, warum du da warst. Okay?«

»Soll ich das nicht lieber jetzt erzählen?« schlug sie vor. Sie war sicher, daß er seine Meinung ändern würde und hören wollte, was sie zu sagen hatte. Doch er wiederholte ernst und überzeugend: »Es spielt keine Rolle. Bitte, glaube mir.«

So begann sie, ihm zu glauben.

Glückliche Stunden

Harry Klein betrat das Büro Oberinspektor Derricks und war erstaunt, weil er ihn nicht am Schreibtisch sitzen, sondern in nachdenklicher Haltung vor dem großen Stadtplan von München stehen sah, der an der Wand hing, und weil er ihn offenbar nicht gehört hatte.

»Stephan, was ist denn los?« fragte er.

Derrick wandte sich ihm zu, versenkte seine Hände in

den Hosentaschen und ließ sich Zeit mit seiner Antwort, um noch ein weiteres Mal über das nachzudenken, was ihm durch den Kopf gegangen war.

»Sie hat einen jungen Mann kennengelernt«, sagte er schließlich. Er sprach langsam, so als käme es auf jedes Wort an.

»Ja – und?« fragte Klein. »Glaubst du, das hat etwas mit dem Fall zu tun? Du meinst, es gibt eine Verbindung?«

»Ruf mal bei der Fürsorgerin an«, bat Derrick. »Vielleicht weiß die etwas. Sie scheint ja recht aufmerksam zu sein.«

Gleich darauf teilte ihm sein Assistent mit, daß Ursula Kieler nicht in der Wohnung Frau Ismays war und daß diese auch nicht wußte, wo sie sich aufhielt.

Derrick war beunruhigt, und seine Sorge um das Mädchen wuchs.

»Vielleicht ist das alles nicht so wichtig«, überlegte er, »aber eines ist sicher: Für den Mörder stellt sie eine Bedrohung dar, und damit ist ihr Leben gefährdet. Also – wer ist der Mann, den sie da kennengelernt hat? Wir müssen das herausfinden. Möglichst schnell.«

*

Das Boot war klein, und es war nur ein Ruderboot, aber Ursula Kieler fand es herrlich. Sie ahnte nicht, daß Bruno wohlhabend genug war, um auch ein sehr viel größeres Boot zu mieten, sogar eine Jacht, daß er sich jedoch zur Bescheidenheit entschlossen hatte, um ihren Argwohn nicht zu wecken.

Das Mädchen war fröhlich und ausgelassen. Sie redete viel und ungezwungen, plapperte von den Plänen, die sie entwickelt hatte, malte sich aus, daß sie als Künstlerin zumindest einen Anfangserfolg haben würde, um sich ein paar kleine Träume erfüllen zu können. Sie war von einer erfrischenden Naivität, und sie freute sich über den Zuspruch, den sie von ihm erhielt. Er machte sich nicht über ihre Ideen lustig, so wie Seelmann es getan hatte, sondern bestärkte sie in ihren Plänen, lobte sie und gab ihr das Gefühl, daß sie es schaffen würde.

Sie beachtete die anderen Boote auf dem Starnberger See nicht, die teuren Jachten, die nahezu lautlos vorüberglitten, und hatte nur Augen für ihn.

Nach einiger Zeit reizte es sie, die Ruder zu übernehmen.

»Läßt du mich jetzt mal?« fragte sie übermütig. Sie hatte noch nie gerudert und wollte es unbedingt ausprobieren.

»Klar«, erwiderte er und setzte sich vorsichtig auf die Bank in der Bootsmitte, während sie aufstand und in ihrer Unerfahrenheit das Boot ins Schwanken brachte. Rasch ließ sie sich in die Knie sinken und legte lachend die Arme um ihn, um nicht über Bord zu fallen. Bruno bewegte sich geschickt um sie herum, bis sie die Plätze tauschen konnten.

»Das fehlte gerade noch, daß wir ins Wasser fallen!«

rief sie vergnügt und keineswegs erschrocken. Sie hätte vermutlich noch lauter gelacht, wenn sie tatsächlich ins Wasser gefallen wären.

»Gerade noch einmal gutgegangen«, sagte er, als das Boot endlich ruhiger im Wasser lag und sie nach den Riemen greifen konnte. Er gab ihr kleine Hilfen und zeigte ihr, wie sie rudern mußte, damit sie auf Kurs blieben.

»Das war schon immer mein Traum«, gestand sie ihm. »In einem Boot auf einem See, der ganz ruhig ist, so wie dieser See heute, kaum Wind und viel Sonne.«

Sie strahlte ihn an, winkte zu einigen Männern und Frauen in einem Ruderboot hinüber, das langsam an ihnen vorbeiglitt, freute sich, daß sie in gleicher Weise antworteten, und machte ein paar Ruderschläge, um das Boot dann treiben zu lassen.

»Es ist schön, irgendwie schön – und gar keine Aufregung dabei«, seufzte sie. »Ich habe das Gefühl, frei atmen zu können. Tief und frei.«

Sie schwiegen eine Weile, genossen die Ruhe auf dem Wasser und hingen ihren Gedanken nach – Gedanken, die sehr unterschiedlicher Art waren. Er dachte an seinen Bruder Rolf und an das Verbrechen, das er begangen hatte, während sie überhaupt keine Verbindung sah zwischen dem Geschehen auf dem Parkdeck des Einkaufszentrums und dem jungen, netten Mann, mit dem sie in einem Boot saß.

Er hatte sie restlos davon überzeugt, daß er ausschließlich an ihr interessiert war, und es hatte sie ungemein beeindruckt, daß er nicht sofort von ihr wissen wollte, weshalb sie in der Jugendstrafanstalt gewesen war. Sie nahm ihm ab, daß er lediglich ihr Zusammensein genießen wollte und daß er ebenso große Sympathien für sie empfand wie sie für ihn.

Mittlerweile wußte sie von ihm, daß er in der Firma seines Vaters arbeitete und ganz gut, wenn auch nicht überragend, verdiente, so daß er sich ein Auto der Mittelklasse leisten konnte.

In ihren Gedanken sprach sie sich ein Lob dafür aus, daß sie dieses Mal mehr auf den Menschen als auf das Auto geachtet hatte, nicht auf einen Porsche oder ein anderes Auto der Luxusklasse hereingefallen war, sondern sich einem Mann öffnete, der ein gewisses Vertrauen in ihr weckte und ihr eine innere Sicherheit gab, die sie schon lange nicht mehr empfunden hatte. Bei ihm war sie nicht aufmüpfig und frech, sondern einfach nur nett und fröhlich. Ohne Hintergedanken lachte und flirtete sie mit ihm, und dabei ging sie davon aus, daß sie sich später irgendwann trennen und vielleicht – wenn alles gut lief – für die nächsten Tage verabreden würden.

Sie wußte nicht, wieviel Zeit vergangen war, als sie am Steg eines Bootshauses anlegten und er ihr sagte, daß er mal telefonieren müsse.

»Es dauert nicht lange«, versprach er ihr. »Ich bin gleich zurück.«

»Laß dir ruhig Zeit«, erwiderte sie und blickte auf den See hinaus, um zwei Segelboote zu beobachten, die träge vorüberglitten. Der Wind war so schwach, daß er die Segel kaum füllte.

In einem Bootsschuppen direkt am Steg arbeitete ein älterer Mann mit einem Schwingschleifer am Rumpf eines Bootes, das man über zwei Böcke gelegt hatte, so daß er das Gerät bequem an die Planken setzen konnte. Ein Mädchen war bei ihm. Sie war dabei, eines der Fischernetze zu flicken. Beide grüßten freundlich, als Bruno über den Steg herankam.

»Kann man hier irgendwo telefonieren?« fragte er, nachdem er den Gruß erwiderte hatte.

Sie griff hinter eine Kiste, holte ein Telefon hervor und reichte es ihm. Dann trat sie zurück, um ihn nicht zu stören. Bruno wählte, und es dauerte nicht lange, bis die gewünschte Verbindung zustande kam.

Seine Mutter meldete sich, und nach einem kurzen Wort gab sie weiter an seinen Vater.

»Ich habe mit ihr gegessen«, berichtete Bruno, »und jetzt bin ich mit ihr am Starnberger See. Ich will nur sagen, es läuft ziemlich gut. Ich weiß nicht, wie weit ich gehen kann. Du verstehst schon.«

»Du sagst kein Wort!« befahl Hauser. »Noch nicht. Das wäre falsch. Stell eine Beziehung her. Eine private, persönliche Beziehung, so daß man sich ein Bild machen kann.«

»Ich glaube, ich bin auf dem Wege dazu«, antwortete Bruno nicht ohne Stolz. Er blickte auf den Steg hinaus. Ursula war aus dem Boot gestiegen und lehnte nun in lässiger Haltung an einem Stützpfeiler des Bootshauses.

Verträumt und entspannt genoß sie die besondere Atmosphäre am See mit den schönen, weißen Villen an seinen Ufern.

»Moment mal«, hörte Bruno die Stimme seines Vaters. »Ich überlege gerade. Kannst du sie nicht vorbeibringen?«

»Doch. Natürlich«, entgegnete er. »Ich denke, das ist kein Problem.«

»Ja, das ist gut. So machen wir es. Bis später.« Hauser hängte ein, und Bruno gab das Telefon mit einem gewinnenden Lächeln an das Mädchen zurück. Er war sicher, daß sie mitgehört hatte, aber sich kein Bild davon machen konnte, worum es ging. Sie mußte glauben, daß sie einfach nur ein verliebtes Pärchen waren, das sich ein paar schöne Stunden am See gönnte.

Ursula lächelte, als sie seine Schritte hinter sich hörte, und sie wandte sich ihm mit leuchtenden Augen zu.

»Weißt du, daß ich fast geschlafen habe?« Sie seufzte zufrieden. »Nicht direkt geschlafen, aber es war ähnlich wie Schlaf. Und ich habe mich sauwohl gefühlt.«

Sie legte die Arme um ihn und trat ganz nah an ihn heran.

»Müssen wir hier wieder weg?«

Er schüttelte den Kopf, lächelte sanft und beugte sich über sie.

»Es ist so schön hier«, schwärmte sie, und dann fanden sich ihre Lippen zu einem langen, zärtlichen Kuß.

*

Anderthalb Stunden lang warteten Hauser und seine Frau in ihrer Villa darauf, daß ihr Sohn Bruno mit Ursula vom Starnberger See zurückkehrte und zu ihnen ins Haus kam. Nervös und ungeduldig harrte die Frau am Fenster aus, bis die beiden endlich erschienen.

»Da kommen sie!« rief sie ihrem Mann zu und zupfte sich fahrig den Kragen ihrer weißen Bluse zurecht, um anschließend mit leicht bebenden Händen ihre Frisur abzutasten und Ordnung zu schaffen, wo sie ein wenig von ihren Vorstellungen abwich.

Hauser stand mitten im Zimmer, knöpfte seine Jacke zu und zog sich den Knoten seiner Krawatte hoch.

»Vergiß nicht«, ermahnte er seine Frau. »Sie kommt aus dem Jugendheim. Aber davon wissen wir nichts. Wir benehmen uns ganz normal.«

Sie traten ein wenig näher an das Fenster zur Auffahrt heran. Es war ein Kippfenster und nur angelehnt. Durch die Gardine konnten sie Bruno und das Mädchen sehen, und sie konnten hören, was sie sagte.

Mit einem erstaunten Lächeln stieg sie aus dem Wagen, ging ein paar Schritte auf das Haus zu, um sich danach wieder zu Bruno umzudrehen.

»Du hast mir ja gar nicht verraten, wie du wohnst«, sagte sie erkennbar beeindruckt von der architektonischen Schönheit des Hauses und dem gepflegten Grundstück. »Ist das dein Haus? Das Haus deiner Eltern? Wohnen deine Eltern hier?«

Er blickte sie stolz lächelnd an.

»Ja«, bestätigte er. »Was denkst du?«

»Daß du noch welche hast. Eltern«, war ihre überraschende Antwort. In diesen Worten klang kein Neid mit, sondern nur Freude. Sie freute sich mit ihm über sein Elternhaus und die Tatsache, daß er nicht so allein war, wie sie es war.

Er schien betroffen zu sein, da ihm ein solcher Gedanke offenbar noch gar nicht gekommen war und er sich wohl auch nicht dessen bewußt gewesen war, welches Glück es bedeutete, auch in seinem Alter noch Eltern zu haben.

Er legte den Arm um sie und führte sie ins Haus, um ihr sein Zimmer zu zeigen.

»Das ist meine Bude«, erläuterte er.

»Bude ist gut!« Sie lachte über diese Bezeichnung, die ihr maßlos untertrieben erschien. Ein Zimmer wie dieses hatte sie noch nie betreten. Sie hatte nicht einmal ein eigenes Zimmer gehabt.

Beschwingt trat sie ans Fenster und blickte hinaus auf andere Villen und auf schöne Gärten.

»Hier hört man ja gar nichts«, wunderte sie sich. »Da, wo ich immer gewohnt habe, hat man immer etwas gehört. Still war es nie. Jetzt merke ich erst, wie schön es ist, wenn es still ist.«

Sie wandte sich ihm zu, und ihr Gesicht war von innerer Freude erfüllt. Sanft legte sie die Fingerspitzen an die Schläfen.

»Weißt du, was ich höre?« flüsterte sie beinahe andächtig. »Mein Blut! Hörst du dein Blut auch?«

Behutsam und zärtlich hielt er ihre Hände, berührt

von ihrem Gefühl und ihrer naiven Ehrlichkeit. Er spürte, wie empfindlich und zerbrechlich sie war und daß ihr bewußt provozierendes Äußeres, besonders der Männerhut, ebensowenig zu ihr paßten wie die immer wieder ins Gewöhnliche ausbrechende Sprache. Sie täuschten eine Persönlichkeit vor, die es nicht wirklich gab.

»Ich habe es nie gehört, weil es immer so laut war«, sagte sie.

Er beugte sich über sie, um sie zu küssen, doch er tat es nicht, denn in diesem Moment klopfte es an der Tür. Als sie sich voneinander trennten, trat Hauser ein.

»Bruno«, begann er, und dann stutzte er, als sei er überrascht. »Oh, du hast Besuch?«

»Ja«, erwiderte er. »Da ist eine Freundin von mir. Ursula Kieler.«

»Guten Tag!« grüßte sie.

Freundlich erwiderte er den Gruß, während Bruno ihn als seinen Vater vorstellte.

»Ich wollte gerade fragen, ob du mit uns Kaffee trinkst«, erklärte Hauser, wandte sich dann an das Mädchen und fügte hinzu: »Sie sind natürlich herzlich mit eingeladen.«

Sie wollte kaum glauben, daß sie nicht nur von Bruno, sondern auch von der Familie so gut behandelt wurde. Doch bald darauf saß sie am Kaffeetisch in gemütlicher Runde mit Herrn und Frau Hauser und mit Bruno, der sich aufmerksam, aber unaufdringlich um sie bemühte

»Nehmen Sie den Kaffee mit Milch?« fragte Frau Hauser, nachdem sie eingeschenkt hatte.

»Ja, ehrlich gesagt«, erwiderte Ursula und zögerte einen kurzen Moment, bevor sie erheitert fortfuhr: »Ich nehme immer alles – aus irgendeinem Gefühl heraus.«

»Welch einem Gefühl?«

»Ich überlege ja.« Ursula lächelte »Ja, jetzt weiß ich es: Ich will niemals etwas verpassen. Dann will ich zuweilen Dinge, die ich gar nicht will. Irre komisch – oder?«

»Ach, ich finde das gar nicht so komisch«, entgegnete Hauser wohlwollend und freundlich. »Ich würde sagen, das ist sogar ganz normal. Eben – menschlich. Ja, Gefühle sind menschlich.«

Besuch in der Firma

Als Ursula später in die Wohnung der Fürsorgerin zurückkehrte – wohin Bruno sie gefahren hatte –, saß Frau Ismay in ihrem Zimmer am Schreibtisch und arbeitete an einem Bericht für die Behörde. Die Tür zum Flur stand offen, so daß das Mädchen sie sehen konnte. Sie hatte keine Lust, mit ihr zu reden, doch die Fürsorgerin hatte sie gehört.

»Geht das schon wieder los, das Herumstreunen?« rief sie übelgelaunt. Sie schien zu erwarten, daß Ursula in der Wohnung unter Aufsicht blieb und gar nichts tat, und sie nahm keinerlei Rücksicht darauf, daß sie ein freier Mensch war, dem keinerlei Einschränkungen auferlegt worden waren. Ihr genügte, daß die Polizei sie gebeten hatte, sich als Zeugin zur Verfügung zu halten, um sie zurechtzuweisen und sie immer wieder fühlen zu lassen, wie wenig sie von ihr hielt.

Ursula verzog gelangweilt das Gesicht und lehnte sich seufzend gegen die Wohnungstür. Nach den schönen Erlebnissen dieses Tages verspürte sie keine Lust, sich mit Frau Ismay auseinanderzusetzen oder sich über sie zu ärgern.

»Weißt du, daß die Polizei dich sucht?« hallte es vom Schreibtisch herüber.

Als das Mädchen antworten wollte, trat Oberinspektor Derrick plötzlich aus dem Zimmer neben ihr. Unwillkürlich wich sie zurück. Doch dann lächelte sie, da ihr bewußt wurde, daß sic keinen Grund hatte, sich vor ihm zu fürchten. Er war derjenige, dem sie vertraute.

»Ja, Sie werden gesucht«, bestätigte er. »Und ich bin froh, daß ich Sie gefunden habe. Ich hatte mir schon Sorgen gemacht.«

»Sorgen?« staunte sie. »Wieso Sorgen?«

Er beugte sich zu ihr hin und fragte so leise, daß dic Fürsorgerin es nicht hören konnte: »Haben Sie schon gegessen?«

Sie blickte ihn erheitert an. »Jetzt muß ich aber lachen. Wieso will mich plötzlich jeder zum Essen einladen? Ich habe schon gegessen. Heute mittag in einem Lokal, und heute abend bei einer Familie.«

»Okay«, flüsterte er. »Dann gehen wir wenigstens etwas trinken.«

Sie nickte, und er räusperte sich laut. Dann suchte er

Frau Ismay auf und teilte ihr mit, daß er die Zeugin noch einmal mitnehme, weil er etwas mit ihr zu besprechen habe.

»Von mir aus«, gab sie verdrossen zurück, so als ob es von ihrer Zustimmung abhinge, daß sie die Wohnung verließ.

In einem kleinen Lokal um die Ecke unterhielt er sich mit dem Mädchen, das er so locker und froh noch nicht erlebt hatte. Da war keine Spur mehr von Aufmüpfigkeit und Widerborstigkeit, sondern nur ein stilles Glück. Es ließ ihre Augen leuchten.

»Darf ich mal fragen, wer der Mann ist, den Sie da gestern kennengelernt haben?« begann er, nachdem sie einen Schluck Cola getrunken hatten.

Sie war überrascht, daß es ihn interessierte.

»Wer das ist? Wieso – wer das ist?«

»Ja. Wie heißt er?«

»Bruno«, erwiderte sie arglos. Sie kam gar nicht auf die Idee, sich zu fragen, ob irgend etwas nicht in Ordnung sei. Sie hatte sich verliebt, und sie wollte keine Zweifel in sich aufkommen lassen. »Bruno Hauser.«

Derrick lächelte. Er ließ sich nicht anmerken, was er dachte und empfand. Er befürchtete, daß der Mann die Bekanntschaft Ursulas mit einer ganz klaren Absicht gesucht hatte.

»Und wie haben Sie ihn kennengelernt?«

Sie lachte, als sie sich an ihr erstes Zusammentreffen erinnerte. Es erschien ihr gar zu komisch.

»An einer Würstchenbude«, antwortete sie. »An einem Stehtisch. Er kam und fragte: Erlauben Sie?« Sie lachte erneut und tippte sich mit dem Finger gegen die Schläfe, um zu unterstreichen, was sie von so einem Verhalten hielt. »An einem Stehtisch, wo ich ein Würstchen esse, sagt der so was! Erlauben Sie!«

Derrick stimmte in ihr Lachen ein, obwohl ihm nicht danach zumute war. Er konnte und wollte ihr nicht sagen, welchen Verdacht er hegte. Solange er keine Beweise hatte, durfte er das Glück nicht zerstören, das sie meinte, an diesem Tag gefunden zu haben. Er brauchte weitere Informationen. Der tiefe Sturz in die Enttäuschung würde noch früh genug kommen. Davon war er überzeugt.

»An einem Stehtisch, wo ich ein Würstchen esse, da fragt er so was! Und ich sagte: Ja, ich erlaube es Ihnen«, fuhr sie belustigt fort und betonte ihre Worte ganz hoheitsvoll. »Aber dann war er sehr nett. Wirklich.«

»Und was macht er? Ich meine – beruflich?«

»Ach, was macht er! Genau weiß ich es nicht. Er hat mir ja nicht alles von sich erzählt. Wir reden über alles mögliche, aber nicht nur über ihn, wenn Sie verstehen, was ich meine. Es geht ihm sehr gut. Er arbeitet in der Firma seines Vaters. Er hat mir seine Eltern vorgestellt.«

Das war allerdings bedeutend mehr, als Derrick erwartet hatte. Auf der einen Seite war er nun beruhigt, weil er sich sagte, daß Bruno Hauser dem Mädchen unter diesen Umständen wohl kaum nach dem Leben trachtete, auf der anderen Seite wuchs seine Sorge, daß es gelingen könnte, die Zeugin so stark zu beeinflussen, daß sie schließlich ihre Aussage zurückzog und den Mann nicht mehr belastete, von dem es das Phantombild gab.

»Er hat Sie mit seinen Eltern bekannt gemacht? Tatsächlich?«

»Na, sagen wir so: Er nahm mich mit nach Hause, und da platzte sein Vater ins Zimmer. Ganz zufällig. Bruno hat gesagt, wer ich bin.«

»Und?« fragte Derrick. »Als was hat er Sie vorgestellt?«

»Als seine Freundin.« Sie schien verwundert zu sein, daß der Kriminalbeamte so etwas fragte, wo doch für sie alles klar und ganz einfach war.

Der Oberinspektor staunte. »Sie kennen sich kaum zwei Tage, und er stellt Sie als seine Freundin vor?«

Seine Zweifel gefielen ihr nicht.

»Ja, warum denn nicht? Wie lange braucht man dazu, jemandes Freundin zu werden?« begehrte sie auf. »Ist das irgendwo festgelegt? Wir haben Spaß gehabt. Wir haben auf dem Starnberger See gerudert, und das war irre schön. Und dann sind wir zu ihm nach Hause gefahren. Da ist doch nichts dabei.«

»Nein, natürlich nicht«, erwiderte er behutsam – und dabei machte er sich seine Gedanken. Dieser Bruno Hauser hatte es eilig. Das deutete darauf hin, daß er Ursula schnell auf seine Seite ziehen wollte. Offenbar fürchtete er, daß die Polizei dem Todesschützen bereits hart auf den Fersen war. Aber warum? Gab es eine Beziehung zwischen ihm und dem Täter?

»Es hat mir Spaß gemacht, mit ihm zusammenzusein«, fügte sie leise hinzu. »Wissen Sie, daß ich das lange nicht mehr gehabt habe? So ein Gefühl?«

»Ja.« Er nickte. Sie tat ihm leid. Er war sich sicher, daß sie betrogen wurde. »Ja, ich verstehe.«

*

Nachdem Bruno aus der Stadt zurückgekehrt war, fand in der Villa seiner Eltern trotz der späten Stunde eine Besprechung statt, an der außer ihm sein Vater und seine Mutter teilnahmen. Die Familie überlegte sich die nächsten Schritte, die notwendig waren, um Rolf vor der Verfolgung durch die Polizei und die Staatsanwaltschaft zu bewahren.

»Die Frage ist, sagen wir es diesem Mädchen, sprechen wir ganz offen darüber, oder sprechen wir nicht ganz offen mit ihr?« sagte Hauser, der sich noch nicht darüber klar war, wie am besten vorzugehen war, um Ursula Kieler auf die Seite der Familie zu ziehen. Er wollte sie auf jeden Fall an einer Aussage hindern, die seinen Sohn Rolf belastete.

Bruno war der Ansicht, daß kein Handlungsbedarf bestand, und daß genügend Zeit für weitere Maßnahmen blieb. »Noch besteht ja keine direkte Gefahr«, versetzte er.

»Ach was!« erregte sich sein Vater, der eine entgegengesetzte Meinung vertrat. »Nach ihren Angaben ist bereits eine Phantomzeichnung gemacht worden. Wieso wurde die eigentlich noch nicht veröffentlicht? So etwas geschieht gewöhnlich sehr schnell. Wahrscheinlich werden wir sie spätestens morgen in den Zeitungen sehen. Ja, und was dann?«

Er blickte von einem zum anderen, als wollte er einen Rat bei ihnen einholen.

»Wenn jemand sagt: Den kenne ich. Da ist der und der . . .!« Er erhob sich aus dem Sessel, in dem er gesessen hatte. »Dann muß sie ran. Ihr wißt, was das bedeutet? Rolf wir ihr vorgeführt. Das kennt man doch. Zehn in einer Reihe. Und Rolf dazwischen. Und sie wird sagen: Der ist es! Der! Der!«

»Nein!« sträubte sich Frau Hauser. »Nein!«

Er fuhr herum. »Was – nein? Wie meinst du das?«

»Das darf nicht passieren«, betonte sie. Auch sie war bereit, Opfer zu bringen, um ihrem Sohn Rolf zu helfen und ihn vor Strafe zu bewahren.

»Aber es wird passieren.« Hauser wurde kaum noch seiner Erregung Herr.

»Nein«, wiederholte seine Frau. »Dann müssen wir es ihr sagen. Ganz offen sagen – und ihr ein Angebot machen.«

Hauser blickte seinen Sohn forschend an. »Kann man das?« fragte er. »Darum geht es ja. Was sagst du dazu? Auf dich kommt es jetzt an. Kann man ihr ein Angebot machen?«

»Ich weiß noch nicht«, entgegnete Bruno, »aber ich

finde es heraus. Bald. Für morgen bin ich mit ihr verabredet. Wir wollen auf die Go-Kart-Bahn. Ich denke, wir werden viel Spaß haben. Und wenn sich die Gelegenheit dazu ergibt, werde ich sie fragen, ihr einen Hinweis geben. Mal sehen ...«

*

Am nächsten Tag hatte Hauser noch nicht lange in seinem Büro gearbeitet, als seine Sekretärin hereinkam und ihm einen Besucher meldete.

»Hier ist ein Herr von der Kriminalpolizei«, teilte sie ihm mit, und bevor sie ihre Nachricht ganz zu Ende gesprochen hatte, näherte sich Oberinspektor Derrick vom Flur her der Tür.

»Schon gut«, sagte er, und sie wich unwillkürlich zur Seite, um ihn durchzulassen, so daß der Weg ins Büro des Chefs frei wurde.

Obwohl Hauser längst damit gerechnet hatte, daß die Kriminalpolizei bei ihm zu Hause oder in der Firma auftauchte, war er beunruhigt. Er hatte sich gedanklich auf diese Begegnung vorbereitet, und es gelang ihm, vor Derrick zu verbergen, wie es in ihm aussah. Er erhob sich und trat hinter seinem Schreibtisch hervor, um den Besucher zu begrüßen.

»Sie wollen mich sprechen?« fragte er. »Sie sind Kriminalbeamter?« Er tat, als könne er sich überhaupt nicht vorstellen, weshalb ein solcher Mann ihn aufsuchte.

»Ja, mein Name ist Derrick«, stellte der Oberinspektor sich vor. »Haben Sie einen Augenblick Zeit für mich?«

»Selbstverständlich«, erwiderte Hauser. Er musterte den elegant gekleideten Besucher und versuchte, sich ein Bild von ihm und der von ihm ausgehenden Bedrohung zu machen. Er fand, daß es schwer, wenn nicht gar unmöglich war, Derrick zu beurteilen. Er mußte abwarten und alles weitere auf sich zukommen lassen. »Bitte, nehmen Sie Platz. Ich hoffe, ich kann Ihnen helfen. Was kann ich für Sie tun?«

»Es dauert nicht lange«, versicherte der Kriminalist. »Es ist eine fast private Sache. Sie betrifft Ihren Sohn. Ihren Sohn Bruno.«

Hauser blieb vor dem Schreibtisch stehen. Er versenkte seine Hände in den Hosentaschen, empfand diese Geste dann jedoch als zu unhöflich und verschränkte die Arme vor der Brust. Er war irritiert, da er eine ganz andere Frage erwartet hatte. Es ging nicht um Rolf.

»Meinen Sohn? Was hat der mit der Kriminalpolizei zu tun?«

»Ihr Sohn hat vor einigen Tagen ein Mädchen kennengelernt«, erläuterte Derrick, ohne auf die Frage einzugehen.

»Ja, richtig«, bestätigte Hauser. Er war sehr ernst und sehr konzentriert, und dann schien er plötzlich erschrocken zu sein. »Sind Sie deswegen hier? Dieses Mädchens wegen? Stimmt etwas nicht mit ihr? Ist irgend etwas nicht in Ordnung?«

»Ich spreche von Ursula Kieler.«

»Ja, er hat sie uns vorgestellt. Ich habe einen sehr guten Eindruck von ihr gewonnen. Und nun ...?«

»Sie ist vor ein paar Tagen entlassen worden. Aus einem Jugendheim«, berichtete der Oberinspektor.

Hauser schien erleichtert. »Ach, das ist es!« Er lächelte. »Ja, das weiß ich. Wir alle in der Familie wissen es. Sie hat meinem Sohn ihre Papiere gezeigt, und er hat es uns gesagt. Wissen Sie, wir haben da keine großen Vorurteile. Außerdem – worum handelt es sich? Um eine Bekanntschaft, die gerade zwei oder drei Tage alt ist und die man wohl mit Fug und Recht als flüchtig bezeichnen kann. Zumindest jetzt noch.« Er schüttelte den Kopf, als könne er nicht verstehen, daß Derrick ihn wegen dieser Angelegenheit aufsuchte. »Ich habe wirklich keinen schlechten Eindruck von dem Mädchen. Wissen Sie, nicht jeder Mensch hat einen Lebensweg, der in Ordnung ist. Ihrer war sicherlich nicht in Ordnung – wofür kein Mensch etwas kann. Meine Einstellung ist in solchen Fällen – im Zweifel für den Angeklagten, also für den Menschen.«

»Alle Achtung! Dagegen ist nichts zu sagen«, bemerkte Derrick. »Kann ich mal mit Ihrem Sohn sprechen?«

»Jetzt?« fragte Hauser.

»Arbeitet er nicht hier bei Ihnen in der Firma?«

»Doch, doch, aber er hat eine Woche Urlaub. Ich nehme an, er genießt ihn irgendwo.« Hauser hing für einen Moment seinen Gedanken nach. »Was wollen Sie von meinen Sohn?«

»Der sollte etwas wissen«, erwiderte Derrick. Er ließ sich nicht in die Karten schauen und gab gerade so viel an Informationen preis, wie ihm im Rahmen seiner Ermittlungen angebracht zu sein schien. »Und Sie sollten es auch wissen: Ursula Kieler ist eine sehr wichtige Zeugin für uns. Zeugin in einem Mordfall.«

»Wie bitte?« Hauser blickte ihn an, als sei er zutiefst erschrocken. »Zeugin in einem Mordfall?«

»Das ist richtig«, bestätigte der Oberinspektor. Er beobachtete jede der Reaktionen seines Gegenübers, registrierte jedes Wort, um daraus die nötigen Schlüsse ziehen zu können. »Sie war vor drei Tagen Zeugin eines Mordes. Sie hat den Mörder, der flüchtig und vorläufig noch unbekannt ist, genau gesehen. Sie kann ihn also identifizieren. Und da dieser Mordfall hineinspielt ins Rauschgiftmilieu, bedeutet das natürlich, daß Ursula Kieler sehr gefährdet ist.«

»Ja, um Gottes willen!« rief Hauser. »Das muß mein Sohn selbstverständlich wissen!«

Die Kurve in die falsche Richtung

Schon bald darauf berichtete Derrick seinem Assistenten Harry Klein in seinem Büro von dem Gespräch mit Hauser und von den Eindrücken, die er dabei gewonnen hatte.

»Es ist eine große Firma mit vielen Angestellten. Hauser selbst wirkt seriös und vor allem konservativ.« Er ging im Raum auf und ab, überdachte jedes seiner Worte und wiederholte nun: »Konservativ.«

»Und was fällt dir da auf?« fragte Klein, der seinen Freund und Vorgesetzten lange genug kannte, um aus seinem Tonfall die richtigen Schlüsse ziehen zu können.

»Konservativ. Wir sprachen über das Mädchen aus der Jugendstrafanstalt – ich meine, dem Jugendheim, und er sagte einen Satz, der mir nicht aus dem Kopf geht: *Im Zweifel für den Menschen!*«

»Und?« Sein Assistent verstand nicht, was er damit ausdrücken wollte.

»Der Satz paßt nicht«, wies Derrick ihn auf einen Widerspruch hin. »Ich will Hauser nicht unrecht tun, aber er paßt einfach nicht. Konservativ – und dann dieser Satz. Konservativ und dieses Mädchen. Das paßt nicht. Und er war nervös. Das ist mir aufgefallen.«

Harry stellte keine Fragen. Er hörte nur schweigend zu und wartete ab.

»Ich will alles über diese Firma wissen«, schloß Derrick. »Und alles über die Familie. Vor allem über die Familie.«

»Während du bei Hauser warst, habe ich schon einige Erkundigungen eingeholt. Seine Firma baut und liefert Autoschlösser. Im letzten Jahr gab es ein Firmenjubiläum, über das die lokale Presse ausführlich berichtet hat«, erwiderte sein Assistent und reichte ihm einen Bogen Papier, auf dem er eine Reihe von Informationen über die Familie Hauser zusammengestellt hatte. »Deine Eindrücke werden voll und ganz bestätigt. Beste Familie, keine Konflikte mit dem Gesetz. Gediegen, ehrbar und reich. Aber dieses Mädchen paßt da nicht rein. Also überhaupt nicht.«

Der Oberinspektor las die Notizen durch, dann ließ er das Blatt sinken.

»Zwei Söhne!« stellte er fest. »Zwei!«

*

Ursula und Bruno saßen in einem Gartenlokal zusammen. Sie hatten einen Platz in einem geschützten Winkel gewählt, in dem sie von anderen Gästen nicht gestört wurden. Sie hielten einander bei den Händen und blickten sich in die Augen. Vor ihnen standen zwei hohe Gläser Weißbier.

»Ich frage mich etwas«, sagte das Mädchen leise.

»Was fragst du dich?« Er lächelte, als sie leicht verschämt den Kopf senkte.

»Ach, es geht dich sowieso nichts an«, versuchte sie auszuweichen.

»Ich möchte es aber gern wissen!«

»Du kannst ja doch nichts damit anfangen«, meinte sie zärtlich lächelnd, »aber gut. Ich sag's dir: Ich frage mich, warum ich plötzlich so viel Glück habe.«

»Glück? Wieso Glück?« Er verstand sie nicht und mußte lachen.

»Ich hab's ja gesagt, daß du damit nichts anfangen kannst.« Sie stimmte in sein Lachen ein. »Es gibt Leute, die haben Glück, so wie du, und es gibt Leute, die haben kein Glück, und keiner kann dir sagen, warum der eine Glück hat und der andere nicht. Die einen werden in einem Haus geboren wie dem deiner Eltern, die anderen … nun ja … Das ist eben so. Ich habe noch nie Glück gehabt. Bei mir lief immer alles schief.« Sie lachte und tauchte ihre Fingerspitzen in eine Pfütze aus Bier und Schaum, um mit der Flüssigkeit Kurven auf dem Tisch zu malen. »Da gab es dann immer eine Kurve.«

»Eine Kurve?« wunderte er sich.

»Ja, immer irgendwie ganz woandershin, als ich wollte. Immer in die falsche Richtung. Und schon saß ich wieder in irgendeiner Falle.« Sie lachte und hielt sich die Hände an den Hals. »Bis hierhin!«

Sie stand auf und entschuldigte sich, um zur Toilette zu gehen. Als sie im Gasthaus verschwunden war, griff er zu seinem Handy und rief zu Hause an, um sich mit seinem Vater zu verständigen. Mit knappen Worten informierte er ihn über den Stand der Dinge.

»Es sieht ganz gut aus«, urteilte er nicht ohne Stolz über seinen Erfolg. »Ich glaube, man könnte es ihr jetzt sagen.«

»Ja, aber vorsichtig«, warnte sein Vater. »Vorsicht! Nur nichts übereilen. Am besten bringst du sie noch mal her zu uns.«

Bruno bemerkte, daß sie bereits zurückkam, und er beendete das Gespräch. Sie eilte zu ihm heran, setzte sich übermütig auf seinen Schoß, legte ihm die Hände an die Wangen und sagte freudig erregt: »Man hat immer zwei Blicke auf einen Menschen. Den ersten – und irgendwann einen zweiten, den richtigen.«

Verliebt küßte sie ihn, zärtlich und sanft, und er begegnete ihr mit einer leidenschaftlichen Umarmung.

»Das war jetzt der zweite.« Sie lächelte danach und küßte ihn noch einmal, atemlos vor Glück.

Sie hätten den Austausch von Zärtlichkeiten sicherlich noch fortgesetzt, wenn sich nicht vier junge Männer am Nebentisch niedergelassen und sie mit übermütigen Sprüchen aufgeschreckt hätten. Lachend verließen sie das Restaurant, liefen Hand in Hand zu seinem Wagen und fuhren zu seinem Elternhaus. Ausgelassen miteinander scherzend traten sie ein. Er trug ihren Hut und alberte mit ihr. Ernst wurden sie erst, als seine Mutter aus dem Wohnzimmer kam und sie sah.

»Ach, da seid ihr ja«, grüßte sie. »Ihr kommt gerade recht zum Essen. Hattet ihr einen schönen Tag?«

»Danke«, erwiderte Bruno. »Wir waren Go-Kart-Fahren und haben dann noch ein bißchen gebummelt. Wir kommen sofort. Wir wollen uns nur ein wenig frisch machen.«

Wiederum erlebte das Mädchen die Familie in angenehmster Atmosphäre. Die Eltern waren nett und charmant zu ihr, und das Essen schmeckte. Als sie danach in ein anderes Zimmer überwechselten, fragte Hauser: »Möchten Sie eine Tasse Kaffee?«

»Eigentlich nicht«, antwortete sie in ihrer unbeschwerten Art. »Ich habe ein schwaches Herz, und wenn ich abends Kaffee trinke, dann geht mein Herz gleich ...«

Sie legte sich die Faust auf die Brust und trommelte lachend den schnellen Takt, den ihr Herz nach dem Kaffeegenuß ihrer Meinung nach annehmen würde.

»Das wollen wir natürlich nicht riskieren«, sagte lächelnd Frau Hauser. »Also keinen Kaffee für Ursula.«

»Nehmen Sie doch Platz«, bat ihr Mann höflich und zuvorkommend, wie er schon den ganzen Abend über gewesen war.

»Also, wenn ich was sagen darf«, bemerkte das Mädchen und strahlte ihre Gastgeber der Reihe nach an. »Das Essen war Klasse.«

»Hast du gehört, Ilse?« Hauser wiederholte das Kompliment mit ihren Worten, die er in vergleichbarer Situation ganz sicher nicht gewählt hätte, um sich zu bedanken. »Das Essen war Klasse!«

»Ja, ich hab's gehört«, erwiderte sie, und nun wirkte ihr Lächeln ein wenig gequält.

»Nun ja«, wandte sich Hauser an das Mädchen. »Wir haben uns in der Familie ein wenig mit Ihnen beschäftigt. Sie wohnen jetzt, wie soll ich das nennen, ein wenig behelfsmäßig?«

»Ja, so kann man es bezeichnen«, bestätigte Bruno. »Aber das wird ja nicht so bleiben.«

»Ach, da verschwinde ich, so schnell es geht«, kündigte Ursula an. Sie empfand es selber als Makel, daß sie bei der Fürsorgerin untergebracht war, und sie wollte sich von ihm befreien.

»Sie können bei uns wohnen«, bot Hauser ihr an. »Wir haben genug Zimmer im Haus. Nicht wahr, Ilse?«

»Aber ja«, stimmte seine Frau diesem Angebot an das Mädchen zu.

»Und noch etwas«, fuhr Hauser fort. »Sie haben im Moment keine richtige Arbeit. Was haben Sie gelernt?«

»Gelernt?« Sie wurde verlegen, denn sie mußte zugeben: »Eigentlich gar nichts. Ich war mal ... ach, alles mögliche war ich mal. Das hängt mit zu Hause zusammen.«

»Wir haben in unserer Firma sicher einen Platz.« Er tat, als müsse er überlegen, wo er sie in seinem Unternehmen unterbringen konnte, und fügte nach einer kurzen Pause, in der sie geradezu atemlos vor Spannung lauschte, fort: »Also, Sie bekommen Wohnung und Arbeit. Ein sicheres, gesichertes Leben.«

Ursula blickte von einem zum anderen. Sie kam sich vor wie in einem Traum und konnte kaum glauben, was sie gehört hatte. Hauser streckte ihr die Hand entgegen, und sie schlug ein.

»Mein Wort darauf«, bekräftigte er sein Angebot. »Den Vertrag machen wir morgen.«

»Danke. Ich weiß nicht, was ich sagen soll«, stammelte sie und wandte sich hilfesuchend an Bruno.

Hauser blickte seinen Sohn an und nickte kaum merklich.

Jetzt bist du dran! sollte das heißen.

Bruno erhob sich.

»Kommst du mal mit, Ursula?« bat er sie.

Nur zu gern folgte sie ihm. Sie hatte das Gefühl, das Zimmer sei ihr plötzlich zu eng zum Atmen geworden. Sie konnte ihr Glück kaum fassen und hätte es am liebsten laut herausgeschrien. Endlich, endlich zeigte die Kurve ihres Lebens mal nicht in die falsche Richtung!

Sie eilte hinter ihm die Treppe hoch zu seinem Zimmer, schloß die Tür hinter sich, und dann hatte sie ganz plötzlich das Gefühl, daß etwas nicht in Ordnung war. Bruno war verändert, und sie konnte sich nicht erklären, warum.

Er sah sie lange schweigend an, bevor er sich endlich aufraffte, sich umwandte und aus einem Schrankfach ein großes, gerahmtes Foto hervorholte. Er zögerte, und während sie meinte, ihr Herz bliebe stehen, drehte er es langsam herum. Es war ein Porträtfoto seines Bruders Rolf, das ihn mit seinen aufgelösten, wilden Haaren zeigte. Wortlos hielt er es Ursula hin.

Plötzlich war die Erinnerung wieder da. Sie glaubte, das von Angst und Hysterie verzerrte Gesicht des jungen Mannes auf dem Parkdeck vor sich zu sehen, und ihr kam es so vor, als hörte sie noch einmal den tödlichen Schuß.

»Wer ist das?« flüsterte sie, und dabei wurde ihr die Kehle so eng, daß sie diese Worte kaum hervorbrachte.

»Mein Bruder«, antwortete Bruno.

Sie begriff. Er hatte sich nur um sie bemüht, damit sie den Bruder nicht belastete. Sie war im Haus nur geduldet, weil es darum ging, den Mörder vor der Strafverfolgung zu bewahren.

Nicht sie war wichtig – nur der Bruder.

Tränen schossen ihr in die Augen. Mit einem Schlag zerbarst ihr kleines Glück, und sie befand sich wieder auf der Kurve, die sie direkt in die Falle führte. So war es immer gewesen in ihrem Leben. So war es auch jetzt. Der Boden schien unter ihren Füßen zu weichen, und sie stürzte ins Nichts.

Er ging zu ihr und versuchte, sie in seine Arme zu ziehen, doch sie stieß ihn weg.

»Laß mich in Ruhe!« schrie sie und drängte ihn zur Tür hinaus. Er wehrte sich nicht, war hilflos angesichts ihrer Verzweiflung und brachte nur immer wieder hervor, daß es ihm leid tue.

Sie warf die Tür zu, und er hörte sie weinen.

In diesem Moment öffnete sein Vater die Haustür. Er blickte die Treppe hinunter zum Vorflur, und er sah Derrick und Klein eintreten.

»Guten Abend, Herr Hauser!« grüßte der Oberinspektor. »Ich bitte um Entschuldigung, daß wir so spät stören. Dürfen wir eintreten?«

»Ja, bitte«, erwiderte Brunos Vater, den dieser noch nie so verstört und unsicher erlebt hatte. Er führte die Besucher in den Salon und stellte sie vor: »Die Herren sind von der Kriminalpolizei. Herr Derrick und Herr ...«

»Klein«, ergänzte der zweite Mann. »Harry Klein.«

Bruno stieg langsam die Treppe hinunter.

»Wir bitten auch Sie um Entschuldigung, Frau Hauser«, sagte Derrick. Er war höflich und korrekt. »Wir stören nur ganz kurz. Ihr Sohn Bruno ...«

Er bemerkte ihn und wandte sich ihm zu.

»Kriminalpolizei, Bruno«, erläuterte Hauser, da er nicht wußte, was sein Sohn vernommen hatte.

»Haben Sie Ihrem Sohn schon gesagt, welche Sorgen wir uns machen?« fragte Derrick den Hausherrn.

»Sorgen?« Hauser schien nicht zu begreifen.

»Ursula Kieler ist Zeugin in einem Mordfall«, erinnerte der Oberinspektor ihn an die Information, die er ihm vermittelt hatte.

»Ja, das habe ich an meinen Sohn weitergegeben. Er weiß es.«

»Er hat sich rührend um Ursula gekümmert«, sagte Derrick. »Das ist aller Ehren wert bei der Vergangenheit dieses Mädchens.«

»Ja, ich sagte schon ...«, begann Hauser.

»Im Zweifel für den Menschen«, unterbrach Derrick ihn. »Was mir außerordentlich imponiert hat. Im Zweifel für den Menschen! Sie haben noch einen zweiten Sohn.«

»Ja«, entgegnete Hauser, der immer unruhiger wurde. »Er ist nicht zu Hause. Er macht gerade Ferien.«

»Ach, Ferien!« Derrick lächelte.

»Ja.« Hauser wandte sich seiner Frau zu. »Wo ist er doch gleich, Ilse?«

»In Österreich«, behauptete sie. Betont gerade saß sie in der Ecke des Sofas und hatte die gefalteten Hände in den Schoß gelegt – eine Dame, die sich ihrer hohen Stellung bewußt war und nun vollkommen beherrscht erschien, so als ob es nicht den geringsten Grund zur Aufregung für sie gäbe.

»Seit wann ist er in den Ferien?«

»Seit wann?« Hauser griff sich nervös an den Kragen seines Hemdes, der ihm zu eng wurde. Ihm gelang es bei weitem nicht so wie seiner Frau, sicher zu erscheinen. »Seit einer Woche.«

»Arbeitet er auch in Ihrer Firma?«

»Nein, er studiert«, erwiderte Hauser. »Soziologie.«

»Zeigen Sie mir mal sein Zimmer!« forderte der Oberinspektor.

»Warum wollen Sie sein Zimmer sehen?« Hausers Hände verkrampften sich ineinander. »Wissen Sie, er wohnt nicht hier bei uns zu Hause. Sein Zimmer ist in der Stadt. Irgendwo in der Stadt.«

Derrick entfernte sich einige Schritte und ließ seinen Blick über die Fotos gleiten, die auf einem Sekretär standen. Es war kein Bild dabei, das dem Phantombild ähnelte.

»Ich habe jetzt mal eine sehr wichtige Frage an Sie«, erklärte er und blieb kurz vor Bruno stehen. »Ist Ihr Sohn ...?« Er ließ den jungen Mann stehen und ging zu Hauser. »Nein, diesen Sohn meine ich nicht. Ich meine den anderen. Ist dieser Sohn rauschgiftabhängig?«

»Was sagen Sie da?« Hauser schien entsetzt zu sein ob dieser Vermutung. »Hast du gehört, Ilse?«

»Nein!« antwortete sie mit fester Stimme. »Das ist mein Sohn nicht!«

»Vielleicht hat er es mal ausprobiert. Das weiß ich nicht. Viele junge Leute ...« Der Hausherr verstummte, und dann begann er, sich zu wehren: »Sagen Sie mal, warum stellen Sie alle diese Fragen? Was soll das?«

»Haben Sie ein Foto von Ihrem Sohn?«

»Ein Foto? Wozu brauchen Sie das?«

»Schauen Sie«, entgegnetete Derrick. »Ich möchte ausschließen, voll und ganz ausschließen, daß ihr Sohn – ihr zweiter Sohn – ein Mörder ist. Ich werde dieses Foto Ursula Kieler vorlegen.«

Hauser war nahe daran, die Fassung zu verlieren. Er trat auf Derrick zu und stammelte: »Was sagen Sie da? Ob mein Sohn ein Mörder ist? Das Foto wollen Sie vorlegen? Der Ursula Kieler? Ja, dann tun Sie es doch! Sie ist hier bei uns im Haus.«

Er fuhr herum, wandte sich an seinen Sohn und zeigte befehlend nach oben.

»Bruno, hole sie her, und sag ihr, um was es geht!«

Der junge Mann ging langsam und mit schleppenden Schritten die Treppe hinauf. Als er nach einigen Sekunden zurückkehrte, weinte er.

»Sie ist weg«, meldete er mit erstickter Stimme und fuhr sich mit dem Handrücken über die Augen, um die Tränen wegzuwischen. »Sie ist zum Fenster rausgeklettert und ...«

»Das kann doch nicht wahr sein!« rief Hauser und lief zur Haustür und auf die Auffahrt hinaus.

Derrick und Klein folgten ihm, und sie hörten ihn schreien: »Ursula! Ursula Kieler!«

Seine Stimme hallte durch die Nacht und war sicherlich in der ganzen Siedlung zu hören. Doch das Mädchen kehrte nicht zurück.

Hauser hörte erst auf, als der Oberinspektor ihm die

Hand auf die Schulter legte. Zutiefst betroffen und verstört drehte er sich um.

»Wir kommen morgen wieder«, erklärte Derrick. »Ich nehme an, Sie wissen, wo Sie Ihren Sohn erreichen können. Er soll zurückkommen.«

*

Der Morgen am Starnberger See war noch jung. Kein Luftzug kräuselte die Oberfläche des Gewässers an dem Bootshaus, an dem Bruno Hauser und Ursula Kieler vor zwei Tagen angelegt hatten, wo das Mädchen träumend die schönen Villen am Ufer bewundert und wo er mit seinem Vater telefoniert hatte.

Ein Polizeiwagen und ein Notarztwagen standen an der Zufahrt zum Bootshaus, als Derrick und Harry Klein mit ihrem Dienstwagen eintrafen. Zwei Sanitäter waren gerade dabei, eine Trage aus dem Fahrzeug zu heben.

Der alte Fischer und seine Tochter standen daneben.

»Guten Morgen!« grüßte Derrick mit belegter Stimme.

»Ich kenne das Mädchen«, eröffnete ihm der alte Mann, nachdem er ebenfalls gegrüßt hatte. »Vor zwei Tagen habe ich ihr ein Boot vermietet. Ein Ruderboot. Ein junger Mann war mit ihr zusammen. Gestern nacht habe ich sie hier wiedergesehen. Ich habe sie gleich erkannt. An ihrem Hut.«

Er zeigte Derrick den Herrenhut, den Ursula stets getragen hatte.

»Komischer Hut, nicht wahr?«

Derrick nahm ihn entgegen. Ein wenig hilflos drehte er ihn in seinen Händen.

»Und heute morgen«, fuhr der Fischer fort und blickte dabei auf den See hinaus, »vor etwa einer Stunde habe ich sie da drüben im Wasser gefunden. Ertrunken.«

Der Oberinspektor und sein Assistent gingen die paar Schritte zum Bootshaus hinüber, wo Ursula Kieler rücklings auf dem Rumpf eines umgedrehten Bootes lag. Sie war tot. Ihre Augen waren geschlossen. Ihr Mund stand offen, aber er lächelte nicht mehr.

Erschüttert nahm Derrick sie auf die Arme, um sie zum Notarztwagen zu tragen. Die ganze Nacht hatte er nach ihr suchen lassen, bis er dann an diesem Morgen den Telefonanruf des Fischers erhalten hatte.

Als er auf dem Weg zu dem bereitstehenden Metallsarg war, der das Mädchen aufnehmen sollte, hielt ein Auto, Bruno Hauser stieg aus und rannte auf ihn zu. Der junge Mann blieb jedoch stehen, als er ihn und das Mädchen sah.

»Aus dem Weg!« schrie Derrick ihn an. »Aus dem Weg, sage ich!«

Angesichts des Zorns, der ihm entgegenschlug, wagte Bruno nichts zu sagen. Die Worte trafen ihn wie Fausthiebe. Tränen schossen ihm in die Augen, und er schritt rückwärts, um dann schluchzend herumzufahren und zu seinem Auto zu laufen.

ZDF-KRIMI

Mädchen im Mondlicht

Ein Mann ist tot

München leuchtete. Im Vergnügungsviertel waren die Neonreklamen der Bars und Nachtlokale aufgeflammt und versprachen Girls, exotische Mädchen oder Tänzerinnen. Auf hölzernen Klapptafeln, wie sie anderswo als Speisekarten vor Restaurants standen, waren weitere erotische Verheißungen zu lesen. Auf den Gehsteigen drängten sich die Passanten und blieben immer wieder vor den Schaufenstern stehen, in denen Fotos der dort arbeitenden Frauen in ihrer Berufskleidung ausgestellt waren – bekleidet mit glitzernden Streifen, einem knappen Höschen oder gar nicht. Immer wieder wurden die potentiellen Kunden von Türstehern angesprochen und zum Eintritt ermuntert. Übermütig, ausgelassen, neugierig oder auch skeptisch folgten die Männer den Einladungen, nacktes weibliches Fleisch zu besichtigen.

Das *Cabaret* war gut besucht an diesem Abend. Die Bar war nicht allzu groß, hatte vielmehr einen ausgeprägt intimen Charakter. An der Theke und an den Tischen war kaum noch ein Platz frei.

Auf der Bühne tanzte eine attraktive Frau und zog sich im Rhythmus der Musik aus, die laut und pulsierend aus den Lautsprechern kam. Die Gäste nickten, lachten und klatschten, wenn die Tänzerin besonders interessante Körperteile freigelegt hatte. Als sie endlich aus dem Slip stieg, erreichte die Begleitmusik ihren lautstarken Höhepunkt.

In der kleinen Garderobe irgendwo in den hinteren Räumen des Hauses war davon kaum etwas zu hören. Hier ging es leise zu, gedämpft, hier ruhten sich die Angestellten von ihrem Handel mit Sex aus oder bereiteten sich auf ihre nächste Runde vor.

Der Klavierspieler Proske saß mit einem gut gefüllten Cognac-Schwenker in der Hand auf einem Stuhl. Gedankenverloren ließ er die braune Flüssigkeit in dem Glas kreisen. Er schien die attraktive, spärlich bekleidete Frau, die neben ihm vor dem Spiegel saß und ihr Make-up korrigierte, kaum zu bemerken, jedenfalls erregten ihre Blößen seine Aufmerksamkeit weniger als der Weinbrand.

Er war klein und schmächtig, seine Augen waren so glanzlos wie sein faltiges Gesicht, und trotz der eleganten Smoking-Jacke und dem tadellos sitzenden Querbinder, die ihm eigentlich einen gewissen Glanz hätten verleihen müssen, sah er aus, als hätte er sich am liebsten in irgendeine Ecke oder ins anonyme Dunkel zurückgezogen.

»Wie spät ist es?« fragte die Frau.

»Noch eine Stunde, Susi«, erwiderte er und trank einen Schluck.

Sie stand auf und drehte sich vor dem Spiegel hin und her, um sich von allen Seiten zu betrachten.

»Ich habe mal was gelesen«, sinnierte er.

»Was hast du gelesen?« Sie wandte sich ihm zu. Es kam nicht oft vor, daß er etwas von sich oder von dem preisgab, was er außerhalb dieser Welt tat, in der sie sich bewegten und sich und ihr Talent verkauften, um Geld zu verdienen. Private Dinge blieben zumeist außen vor, wo die einen ihren Körper gegen Geld den Kunden überließen und die anderen ihre künstlerische Begabung verramschten.

»Es wird dich nicht interessieren«, fürchtete er und trank einen weiteren Schluck. Resignation klang aus seinen Worten, die Enttäuschung eines Mannes, der nur zu oft erleben mußte, daß ihm niemand wirklich zuhören wollte. Jeder war nur mit sich selber beschäftigt und lehnte es ab, sich mit irgend etwas zu belasten, das andere betraf.

»Vielleicht interessiert es mich doch«, erwiderte sie. »Versuch's mal.«

»Du wirst es nicht verstehen«, vermutete er. »Aber gut, ich sage dir, was ich gelesen habe. Jeder Mensch steht irgendwann im Leben mal vor einem Spiegel ... und dann sieht er sich zum ersten Mal wie er ist, wie er wirklich ist – und was tut er dann?«

Sie drehte sich erneut vor dem Spiegel, stellte sich rücklings dazu und betrachtete sich über die Schulter hinweg. Sie hatte eine makellos schöne Figur.

»Er erschrickt zu Tode!« antwortete er.

»Das tu' ich schon lange«, behauptete sie, und er hatte das Gefühl, daß sie ihn verstand. »Wann hattest du diesen Augenblick?«

»Als ich geboren wurde.« Er trank das Glas aus, stand auf und verließ die Garderobe. Der Alkohol zeigte Wirkung. Leicht schwankend blickte er zurück, und er sah, daß sie ratlos war. Sie wußte nichts mit seinen Worten anzufangen. Er seufzte resigniert. Er hatte nichts anderes erwartet. Es war schwierig, sich verständlich zu machen.

Als er durch eine Tür trat, sah er eine Gruppe von Männern, die in das Lokal drängten. Die Besucher waren in ausgelassener Stimmung. Sie waren lebhaft und offensichtlich angetrunken, und sie freuten sich erkennbar auf die Show, die ihnen durch mehr oder minder nackte Mädchen geboten werden sollte.

Laut miteinander redend gaben sie ihre Mäntel an der Garderobe ab. Wirr gingen ihre Stimmen durcheinander.

»Guten Abend, Signor Gianni!« grüßte die Garderobiere einen von ihnen, während er den Mantel ablegte, um ihn ihr zu geben.

»Hallo!« erwiderte er fröhlich. »Na, wie sieht's aus? Ist der Laden voll?«

»Buena sera – ziemlich.« Sie kannte ihn. Er war ein gerngesehener Gast, der häufig kam und sich nie als geizig erwiesen hatte. Auch für sie fiel stets ein kleines Trinkgeld ab.

»Ach, kein Problem«, sagte Gianni zu den anderen. »Hier kriegen wir immer einen Tisch, ich kenne Bossler.«

»Wer ist Bossler?«

»Bossler? Oh, er ist der große Impresario. Ihm gehört der ganze Laden. Aber das sage ich euch gleich: Das Lokal ist ein Aquarium, im dem wir alle als Fische herumschwimmen – und er ist der Haifisch.«

»Der sich wovon ernährt?«

»Natürlich von den Fischen, die wir sind.«

Sie lachten und scherzten.

»Habe ich recht, Frau Schuster?« wandte sich Signor Gianni an die Garderobiere.

Sie lächelte unverbindlich, bestätigte seine Aussage nicht, widersprach ihr aber auch nicht. Sie war eine neutrale Institution, die den Gästen gegenüber höflich und freundlich war, aber keine persönliche Meinung vertrat und niemals Stellung bezog. Wie die Stühle und Tische oder der Bartresen gehörte sie zur Einrichtung des Hauses. Sie kannte das schon. Man sprach sie an, als ob man eine Antwort von ihr hören wollte, war jedoch nicht wirklich daran interessiert und zog weiter, bevor sie überhaupt den Mund aufmachen konnte. Es war wie ein flüchtig hingeworfenes *Wie geht's?*, auf das niemand einen ausführlichen Gesundheitsbericht erwartete. Also schwieg sie und gönnte sich höchstens mal ein Lächeln.

Proske wechselte einen kurzen Blick mit ihr, dann ging er an ihr vorbei zur Bar, um sein Glas dort abzusetzen.

Gianni begrüßte den Barmixer mit Handschlag.

»Hallo, das ist Kallek«, stellte er ihn seinen Freunden vor. »Kallek ist der beste Mixer von ganz München.

Trinken wir erst mal einen Aperitivo, oder setzen wir uns?«

Proske ging zu seinem Instrument und bereitete sich auf den Auftritt der nächsten Stripperin vor. Im Licht der sich drehenden Scheinwerfer tanzten zwei Mädchen auf der Bühne, die lediglich mit einem Tanga bekleidet waren, den sie nun aufreizend langsam auch noch abstreiften.

»Ist Susi schon aufgetreten?« fragte Signor Gianni, während er und seine Begleiter von einem Kellner zu einem Tisch geführt wurden. »Susi ist die beste der Nackttänzerinnen hier. Manchmal geht sie von Tisch zu Tisch und läßt sich sogar anfassen.«

Die Freunde Giannis lachten. Sie faßten seine Worte als Scherz auf.

»Susi kommt gleich«, versprach der Kellner.

Der Barmixer gab Proske ein Zeichen. Es bedeutete, daß er noch nicht auf dem Flügel zu spielen brauchte. Auch die nächsten drei Nummern kamen vom Band. Danach erst würde Susi auftreten, und dann war seine Kunst am Instrument gefragt.

Er stand auf und ging zur Bar, wo Kallek ihm einen weiteren Cognac hingestellt hatte. Er nahm ihn und verschwand durch eine Hintertür.

Der Mixer reichte dem Kellner die Getränke für Signor Gianni und seine Freunde. Der Italiener hatte als einziger noch nicht Platz genommen. Er kam zum Tresen.

»Ich geh' erst mal wo hin«, sagte er zu Kallek. »Händewaschen, damit ich Susi mit sauberen Händen anfassen kann.«

Er grinste vieldeutig und verließ die Bar durch die Tür zu den Toiletten. Es wurde ruhig, als sie sich hinter ihm schloß. Für einen Moment tat es gut, nicht mehr den dröhnenden Rhythmen aus den Lautsprechern ausgesetzt zu sein. Er blieb stehen und atmete tief durch.

Er hatte einen anstrengenden Tag hinter sich und hätte den Abend lieber in seiner Wohnung und in Ruhe verbracht. Doch das war ihm an diesem Tag nicht möglich. Er war Geschäftsmann und mußte seine Kunden ausführen und dabei auch noch so tun, als könne er sich kein größeres Vergnügen vorstellen, als mit ihnen zusammen in der Bar zu sitzen und den erotischen Verrenkungen der Tänzerinnen zuzusehen.

Er konnte solchen Abenden durchaus Vergnügen abgewinnen, jedoch nicht an diesem Tag, der ungewöhnlich belastend gewesen war.

Er schritt in einen Gang hinein, der zu den Toiletten führte, und passierte dabei einen anderen, der zum Büro des Eigentümers sowie zu den Garderoben der Mädchen abzweigte. Ein Mann saß am Pfosten einer offenen Tür auf dem Boden. Er lehnte mit dem Rükken an der Wand, und der Kopf war ihm auf die Brust gesunken. Er sah aus, als ob er betrunken und eingeschlafen sei. Beunruhigt blieb der Italiener stehen. Er kannte den Mann.

»Hallo, Bossler«, sagte Gianni. »Was ist los? Ist Ihnen schlecht geworden? Soll ich Ihnen helfen aufzustehen?«

Er ging zu dem Mann hin, ließ sich bei ihm in die Hocke sinken und legte ihm fürsorglich die Hand an die Seite, um ihm zu stützen. Er fühlte etwas Feuchtes an der Hand, zog sie zurück und entdeckte, daß sie mit Blut bedeckt war. Bossler kippte langsam zur Seite weg und fiel mit dem Oberkörper auf den Boden. Erschrocken richtete der Italiener sich auf, trat einige Schritte zurück, ohne den Toten aus den Augen zu lassen, holte rasch ein Taschentuch aus der Tasche hervor und wischte sich die Hand ab, um das Blut zu entfernen. Danach eilte er in den Waschraum, wusch sich die Hände, kehrte in die Bar zurück, ging an den Tresen und winkte den Mixer zu sich heran.

»Sie sollten mal nach Ihrem Chef sehen, Kallek«, raunte er ihm so leise zu, daß ihn kein anderer verstehen konnte. »Er liegt vor seinem Büro und ist tot. Er hat eine Wunde, da wo das Herz ist. Ich überlasse Ihnen das jetzt. Aber meine Leute und ich, wir gehen jetzt. Wir sind weg, bevor die Polizei eintrifft.«

Er beachtete den Barkeeper nicht weiter, ermöglichte ihm keine Gegenfrage, sondern wandte sich seinen Freunden zu. Sie waren bereits mit Getränken versorgt worden, und einige von ihnen hatten ihre Gläser zur Hälfte ausgetrunken.

»Hört mal zu, was ich euch sage«, flüsterte er und blickte sie so eindringlich an, daß sie ihre Gespräche einstellten und sich ganz auf ihn konzentrierten. »Ihr steht langsam auf, und dann verlassen wir alle gemeinsam das Lokal. Ganz ruhig. Kein Aufsehen erregen. Wir müssen weg, damit es keine Schwierigkeiten für uns gibt.«

»Was ist denn los?« erkundigte sich einer von ihnen, ein schwerfälliger Typ aus Norddeutschland, während sich bereits alle erhoben.

»Mord, mein Lieber«, eröffnete Signor Gianni ihm. »Jemand hat den Inhaber dieses Ladens ausgelöscht. Unter diesen Umständen ist es besser, wenn wir uns verziehen. Oder wollt ihr von der Polizei verhört werden?«

Er kehrte zum Schanktisch zurück und bat um seine Rechnung.

»Schon gut«, gab sich Kallek freizügig. Er bemühte sich um eine große Geste, so als habe er die alleinige Verfügung über das Lokal und sein Angebot. »Das geht aufs Haus.«

Er stand aufrecht und in betont korrekter Haltung hinter dem Tresen. Seine Miene verriet nicht, wie es in ihm aussah. Er war ein etwa fünfzigjähriger, hochgewachsener Mann mit einem schmalen Gesicht. Das aufgetragene Make-up ließ ihn jünger aussehen, als er war. Wenn der Chef des Hauses nicht anwesend war, übernahm er nur zu gern die Rolle des Verantwortlichen, organisierte den Betrieb und erteilte den anderen Angestellten Befehle. Jetzt war eine Situation eingetreten, in der er seine Bedeutung noch mehr herausstreichen konnte als sonst, denn Bossler würde ihn nicht mehr dafür tadeln können, daß er die Zeche für Signor Gianni und seine Freunde übernommen hatte. Nie mehr.

Er winkte einen der Kellner zu sich heran und übergab ihm die Arbeit hinter dem Tresen, um durch eine Nebentür zu verschwinden und zum Büro des Chefs zu eilen. Bei dem Toten kniete er sich hin und legte ihm prüfend die Finger an den Hals. Er verspürte keinen Pulsschlag mehr. Der Gast hatte die Wahrheit gesagt. Bossler war tatsächlich tot.

Jemand hatte ihn ermordet.

Kallek machte sich seine Gedanken, doch mit der Tötung hatten sie nichts zu tun. Bossler war verheiratet gewesen. Seine Frau aber hatte sich nie um das Lokal gekümmert. Dies war sein Reich gewesen, hier hatte er als Alleinherrscher agiert. Das war vorbei. Jetzt war ein Nachfolger gefragt.

Eilige Schritte näherten sich, und die Tänzerin Susi kam mit dem Pianisten Proske hinzu. Sie war nur mit einem Tanga bekleidet. Angesichts des Toten fröstelte sie und wurde sich ihrer Nacktheit bewußt. Sie verschränkte die Arme vor der Brust. Proske ließ sich in die Hocke sinken. Er legte Bossler die Hand an die Schulter, zog sie dann aber glcich wieder zurück.

»Jemand hat ihn umgebracht«, stellte Kallek fest und deutete auf das blutgetränkte Hemd.

»Was machen wir jetzt?« fragte der Pianist. Er schien hilflos zu sein. Die Situation belastete ihn, der psychisch ohnehin labil war, sehr stark. Seine Augen bewegten sich unruhig, und er griff sich ans Gesicht, um die Wange nervös mit den Fingerspitzen zu massieren.

»Ihr geht wieder hinaus!« antwortete der Mixer und

stellte damit klar, daß der Betrieb in der Bar vorläufig weitergehen mußte.

»Du mußt die Polizei rufen«, sagte Proske.

»Ja, ja«, entgegnete Kallek ärgerlich. Er brauchte keine Ratschläge von dem Pianisten, dem er sich weit überlegen fühlte und den er für einen Schwächling hielt. »Du weißt hoffentlich, was das heißt!«

»Was denn?« fragte Susi. »Was meinst du?«

»Die Polizei wird kommen, die Tür zumachen und keinen rauslassen. Jeder muß sagen, wer er ist. Die Personalien werden aufgenommen. Von allen Gästen. Glaubt ihr, daß wir von denen dann noch mal jemanden wiedersehen?«

»Nein«, bekräftigte Susi seine Befürchtung. »Von einigen darf auf keinen Fall bekannt werden, daß sie bei uns waren. Wäre peinlich für sie zu Hause oder in der Firma. Das wissen wir doch alle.«

»Los, geht zurück! Ich kümmere mich um die Polizei.«

Proske und das halbnackte Mädchen hasteten davon. Kallek ließ sich Zeit. Er beugte sich noch einmal über den Toten und blickte ihn aus nächster Nähe an. Kein Muskel zuckte in seinem Gesicht.

»Irgendwann mußte es ja so ausgehen, Chef«, sagte er leise. »Ich habe dich oft genug gewarnt. Man kann mit den Menschen nicht alles machen. Irgendwann wehren sie sich. Irgendwann. Ob du das noch begriffen hast, bevor das Licht ausging für dich?«

Er stand auf, zog mit beiden Händen seine gestreifte Weste glatt und machte sich auf den Weg zur Bühne.

Eine schmale Tür führte zu einem Treppchen, über das die Stripperinnen zu ihrem Auftritt hinaufstiegen ins grelle Licht. Trotz der lärmenden Musik meinte er, die Schritte der tanzenden Mädchen hören zu können. Er schob sich durch die Tür und kniff danach geblendet die Augen zusammen, da ein Scheinwerfer direkt auf ihn gerichtet war. Auf ein Zeichen von ihm verstummte die Musik.

Kallek hob eine Hand, um die Gäste auf sich aufmerksam zu machen.

»Meine Damen und Herren, liebe Gäste!« rief er. »Es ist etwas eingetreten, womit niemand rechnen konnte: Wir haben einen Toten im Hause. Wir stehen vor der Notwendigkeit, die Polizei zu verständigen. Ich muß Sie bitten, im Lokal zu bleiben und das Eintreffen der Untersuchungsbeamten abzuwarten.«

Er blickte in die Runde und stellte fest, daß sich fast alle Besucher erhoben hatten. Einige strebten bereits der Garderobe zu.

»Aber wer gezahlt hat und gehen möchte, den kann ich natürlich nicht hindern, das Lokal zu verlassen – ehe die Polizei Einspruch dagegen erhebt«, fuhr er fort. Er wandte sich an Proske. »Bitte, Robby.«

Der Pianist begann zu spielen. Es war eine langsame Variation des alten Volksliedes »Muß i denn, muß i denn zum Städtele hinaus«.

»Und für alle, die noch bleiben wollen«, kündigte Kallek an, »tanzt jetzt noch einmal unser Star ... Susi!«

Das Mädchen zögerte, doch er feuerte sie mit energischer Geste an, und sie begann zu tanzen. Sie trug eine glitzernde Kleidung, die nur wenig von ihrer Schönheit verhüllte, legte sie nun aber rascher ab als sonst, um die noch zögernden Gäste zum Bleiben zu bewegen. Vergeblich. Alle strebten dem Ausgang zu, kaum jemand gönnte ihr mehr als einen kurzen Blick.

Wer Angst hat

Als Oberinspektor Stephan Derrick und sein Assistent Harry Klein am Tatort eintrafen, hielten sich im Lokal keine Gäste mehr auf. Der Pianist saß am Rande der Bühne und spielte gedankenverloren ein klassisches Stück von Schubert auf dem Flügel. Es paßte nicht hierher, weder zu dem, was geschehen war, noch zu der Örtlichkeit. Doch niemand störte Proske. Niemand hörte hin. Er tat, was ihm Bossler auf der Stelle verboten hätte.

Als die beiden Kriminalbeamten den Gang betraten, in dem der Tote sich befand, waren bereits die Spurensicherung und ein Arzt bei ihm.

»Wer ist es?« fragte Klein.

»Er heißt Bossler«, antwortete Kallek, der Mann in der gestreiften Jacke des Barkeepers. »Ihm gehört das Lokal. Er ist der Chef. Vielmehr – er war der Chef.«

»Er ist erstochen worden«, stellte der Mediziner lakonisch fest. »Die Stichwaffe ist nicht mehr da. Der Täter muß sie mitgenommen haben.«

»Gibt es außer dem Haupteingang noch einen weiteren Zugang zu dem Lokal?« Harry trat bis an eine der Türen heran und warf einen Blick auf die Bühne. Proske saß dort und spielte nach wie vor klassische Musik, ohne sich von dem Geschehen im Lokal stören zu lassen. Kein Requiem, eher ein leichtes Stück.

»Ja«, erwiderte Kallek und nannte den Polizisten seinen Namen. »Ja, vom Hof her. Das ist der Lieferanteneingang. Ich habe den Schlüssel für die Hoftür. Und natürlich hat der Chef auch einen. Er kommt ja immer von da her. Er fährt mit dem Wagen auf den Hof, weil dort sein Parkplatz ist.«

Der Barmixer ging zur Tür und öffnete sie. An ihm vorbei trat Harry Klein auf den Hof hinaus, auf dem als einziges Auto ein Porsche parkte. Er deutete auf das Fahrzeug: »Ist das der Wagen Bosslers?«

»Ja«, bestätigte Kallek. »Er hat ihn gerade neu gekauft. Jetzt braucht er ihn nicht mehr.«

Klein sah sich das Auto kurz an. Es war verschlossen. Auf dem Beifahrersitz lagen einige Fotos von nackten Mädchen. Er gab den Spurensicherern den Hinweis, daß der Wagen untersucht werden müsse, und kehrte ins Lokal zurück, wo Derrick neben dem Bartresen stand und sich umsah. Als Klein eintraf, ging der Oberinspektor langsam zum Pianisten hinüber.

»Was machen Sie da eigentlich?« fragte er, verwundert wegen der klassischen Musik und der zunehmend heitereren Melodien.

»Ich bin der Klavierspieler«, entgegnete Proske. »Ich

sitze hier, weil es mein Platz ist.« Er hörte auf zu spielen und erhob sich. Nervös zupfte er seinen Querbinder zurecht und griff dann nach einem Cognacschwenker, der auf dem Instrument stand. Er trank einen kleinen Schluck. »Dieser Klavierschemel ist mein Zuhause.«

»Wie lange sind Sie hier schon Klavierspieler?«

»Sechs, sieben Jahre.« Er zuckte die Achseln und nahm einen weiteren Schluck Cognac zu sich. »Irgendwann hört man auf zu zählen. Wenn man keine Beziehung mehr dazu hat.«

Derrick griff das Stichwort auf: »Wie war Ihre Beziehung zu Ihrem Chef?«

»Zu wem? Zu meinem Chef? Um diese Frage zu beantworten, brauche ich nicht viel Zeit. Es gab keine.« Er schüttelte den Kopf, als könne er nicht verstehen, daß man ihm eine solche Frage stellte, und er fügte ironisch hinzu: »Aber die habe ich besonders gepflegt!«

Derrick wandte sich ab, sah die Tische mit den darauf stehenden, noch halbvollen Gläsern und den Flaschen und den Aschenbechern, in denen teilweise noch Zigaretten glommen. Man hatte die Gäste gehen lassen und damit möglicherweise auch den Mörder. Ihm fiel eine ältere, blonde Frau auf, die neben einer Spiegelsäule am Eingang stand.

»Guten Abend!« grüßte er und ging zu ihr hin. »Wer sind Sie?«

»Ich bin die Garderobenfrau«, stellte sie sich ihm vor. »Anna Schuster.«

»Sie haben nichts mehr zu tun«, stellte er fest. »Die Gäste sind gegangen, und weitere Gäste werden nicht kommen. Warum bleiben Sie?«

»Ich werde abgeholt«, erklärte sie. »Ich muß warten, weil ja gewöhnlich um diese Zeit noch nicht Schluß ist.«

»Ja, ich verstehe. Immer? Jede Nacht? Von wem werden Sie abgeholt?«

»Ja, jede Nacht. Von meiner Tochter.«

Die Antwort überraschte Derrick. Es war schon fast Mitternacht, und das Lokal hatte sicherlich unter normalen Umständen bis wenigstens um zwei oder drei Uhr geöffnet. Daher empfand er es als ungewöhnlich, daß die Frau so spät von ihrer Tochter abgeholt wurde. Welche Tochter holte schon Nacht für Nacht ihre Mutter ab, falls sie nicht ebenfalls in diesem Milieu und so spät noch arbeitete?

»Sind Sie schon lange Angestellte in diesem Haus?«

»Ja, ziemlich lange. Seit vielen Jahren.«

»Dann kennen Sie sich ja hier aus«, erkannte der Oberinspektor. »Ihr Chef – was für ein Mann war das?«

»Wie er war?« Frau Schuster schien verlegen. Ihre Hände krampften sich ineinander, und sie blickte kurz zur Garderobe hinüber, als hätte sie sich am liebsten dorthin zurückgezogen. Dort hatte sie ihr eigenes Reich, dort fühlte sie sich sicher. Sie war es nicht gewohnt, Stellung zu nehmen und sich auf eine solche Frage klar und eindeutig zu äußern. »Ein guter Mensch war er nicht. Nein, das war er nicht. Er mochte es gern, wenn man Angst vor ihm hatte. Und wenn man es ihm zeigte, dann kam man ganz gut mit ihm aus. Das ist auch schon alles, was ich über ihn sagen kann.«

Unsicher blickte sie von ihm zu Proske und von diesem wieder zu ihm. Es behagte ihr nicht, im Mittelpunkt zu stehen.

»Nein, nein«, wies er ihre Befürchtung zurück, ihre Aussage sei unbedeutend und ohne inhaltlichen Wert. Er beruhigte sie mit einem freundlichen Lächeln. »Was Sie mir erzählt haben, ist eine ganze Menge. Ich danke Ihnen, Frau Schuster.«

Proske saß wieder am Flügel, spielte jedoch nicht, sondern trank hin und wieder einen Schluck Cognac, bis das Glas leer war.

»Es muß die Lebensfreude ungeheuer erhöhen, wenn man merkt, daß es Menschen gibt, denen man Angst einflößen kann«, meinte Proske. Der Alkohol schien seine Wirkung zu tun. Der Pianist machte nun einen befreiten Eindruck. Er richtete sich zu seiner vollen Größe auf, und seine Schultern strafften sich. Es war, als habe er sich von einer Last befreit oder als werde ihm nun allmählich im vollen Ausmaß bewußt, daß derjenige nicht mehr existierte, vor dem er sich gefürchtet hatte.

Derrick beobachtete ihn, und ihm fiel auf, daß Proske geradezu heiter erschien, so als fände er es amüsant, daß Bossler nicht mehr lebte und keinen Druck mehr auf ihn ausüben konnte.

»Zu welcher Sorte Mensch gehören Sie?«

»Zu jenen, die Angst hatten – oder noch immer haben. Ich leiste es mir, Angst zu haben. Moralisch gesehen kommt man dabei besser weg.« Er ging zur Bar und füllte sein Cognacglas wieder auf. Kallek warf ihm einen mißbilligenden Blick zu, hinderte ihn jedoch nicht daran. Proske lächelte und deutete zur Bühne hinüber. »Oh, das ist Susi, unsere Tänzerin. Sie tritt hier auf.«

Er stellte sich hinter die spärlich bekleidete Frau, legte ihr eine Hand an die Schulter und zupfte die Jacke zurecht, die sie sich übergezogen hatte. Er schob sie sanft in Richtung Derrick, als wollte er ihn auffordern: *Nun beschäftige dich mal mit ihr!*

»Susi, das ist ...« Er wollte das Mädchen mit dem Oberinspektor bekannt machen, als ihm auffiel, daß er dessen Namen noch nicht erfahren hatte. »Ach, wer sind Sie?«

»Ich leite die Mordkommission. Mein Name ist Derrick«, erwiderte er. »Wozu gehört sie?«

»Sind wir noch immer beim Stichwort Angst?« fragte der Pianist, nachdem er wiederum einen Schluck getrunken hatte.

»Ja«, bestätigte Derrick. »Sind wir.«

»Sie gehört ebenfalls zu denen, die Angst haben. In diesem Hause haben nur die Ängstlichen eine Chance.« Er wandte sich an Susi, strich ihr leicht über das blonde Haar, das ihr vorn bis beinahe auf die Brüste herabfiel. »Was hast du von Bossler gehalten? Na, komm, sag schon!«

Die Tänzerin hatte sich mit ganz anderen Problemen befaßt. Sie hatte nicht über Ängste nachgedacht, sondern über das, was sie persönlich berührte. »Er ist tot«, stellte sie achselzuckend fest. »Was wird aus unserem Job?«

Sie schien ihrem Chef keine Träne nachzuweinen.

Proske lachte über die Antwort.

»Sehen Sie, da kommt sie wieder zum Vorschein – die Angst!«

Angesichts seiner Worte verlor die Tänzerin ihre mühsam bewahrte Haltung. Sie brach in Tränen aus, hastete davon und verschwand hinter der Bühne. Der Pianist schüttelte verständnislos den Kopf. Er ging zu seinem Flügel, setzte sich auf den Schemel, begann jedoch nicht zu spielen, sondern beschäftigte sich lediglich mit seinem Cognac.

Derrick kehrte nun an den Tatort zurück, wo sich Harry Klein mit den Beamten von der Spurensicherung unterhielt. Der Tote lag noch an der Tür zu seinem Büro, war mittlerweile aber mit einem Tuch abgedeckt worden.

»Das ist das Büro«, erläuterte Klein. »Bossler ist wie an jedem Abend pünktlich gekommen, hat ein paar Gäste begrüßt und ist dann hierhergegangen, um zu arbeiten.« Er deutete auf eine Reihe von Schreiben, Rechnungen, Buchungsunterlagen und Ordnern, die verstreut auf dem Tisch lagen. »Aber er ist nicht hier ermordet worden. Wahrscheinlich hat der Täter an die Tür geklopft, Bossler wird gesagt haben *herein*, aber niemand kam herein. Darum ist er aufgestanden und an die Tür gegangen. Als er sie öffnete, stand er vor seinem Mörder, der ein Messer in der Hand hielt und vermutlich sofort zugestoßen hat.«

Derrick hörte, wie es seine Art war, ruhig und konzentriert zu. Er wußte, daß die Beamten von der Spurensicherung den Vorgang genau recherchiert hatten und daß Harry anhand der Spuren beweisen konnte, daß der Angriff auf Bossler so stattgefunden hatte. Er versuchte, die richtigen Schlüsse daraus zu ziehen.

»Der Mörder kann entweder durch den Haupteingang gekommen sein oder über den Hinterhof, also durch diese Tür, für die nur zwei Leute einen Schlüssel haben – Bossler selbst und der Barkeeper.«

»Hat man den Schlüssel von Bossler gefunden?« fragte Derrick.

»Ja«, bestätigte Klein. »Bossler ist verheiratet. Ich habe mit seiner Frau telefoniert. Sie erwartet uns.«

»Hast du ihr gesagt, daß ihr Mann ermordet worden ist? Wie hat sie reagiert?«

»Cool«, beschrieb der Assistent des Oberinspektors das Verhalten der Frau, und in diesem einen Wort lag mehr, als er mit langen Beschreibungen hätte ausdrücken können.

Mädchen im Mondlicht

Harry Klein lenkte den Dienstwagen durch das nächtliche München. Schon wenige Straßenzüge vom *Cabaret* entfernt befand sich eine ruhige Wohngegend mit eleganten Villen. Vor einem dieser Gebäude hielt er an. Es war ein großes, weißes Haus mit zwei Flügeln, die zur Straße hin zeigten. Zwischen ihnen befand sich die offenkundig von künstlerischer Hand gestaltete Haustür.

Als Derrick klingelte, öffnete ihnen eine attraktive, etwa vierzigjährige Frau. Sie war schlicht, aber geschmackvoll gekleidet. Kühl und distanziert musterte sie die beiden späten Besucher. Auf den ersten Blick war zu erkennen, daß sie eine starke Persönlichkeit war.

»Kommen Sie herein«, bat sie dann, überließ es ihnen, die Tür zu schließen, und ging voraus in eine großräumige Wohnung, die in ausgewogenen Farben gehalten war. Kunstwerke der unterschiedlichsten Art, jedoch hauptsächlich Zeichnungen, hingen an den Wänden.

»Wie ist mein Mann umgekommen?« fragte sie, während sie an einem großen Eßtisch stehenblieb.

»Man hat ihn erstochen«, antwortete der Oberinspektor. »Vor der Tür zu seinem Büro. Auf dem Gang zu den Waschräumen.«

Sie nahm diese Nachricht ruhig und ohne erkennbare Regung hin. Sachlich bat sie um weitere Informationen. »Wissen Sie schon, wer der Täter ist?«

»Nein, er ist noch unbekannt«, erwiderte der Oberinspektor. »Wir wissen nicht, wer es war, und wir wissen auch nicht, welches Motiv der Täter hatte. Deswegen sind wir hier.«

»Deswegen sind Sie bei mir.« Verwundert nahm sie seine Worte hin, und sie dachte lange über sie nach, bevor sie sich wieder äußerte. »Sie suchen nach dem Motiv des Täters? Da stoßen Sie auf ein breites Spektrum von Möglichkeiten. Mein Mann war nicht sehr beliebt – was ich gut verstehen kann. Freunde hatte er wohl nicht. Sie paßten nicht zu ihm. Feinde schon eher – aber Namen kann ich Ihnen nicht nennen.«

»Was Sie gut verstehen können?« Derrick griff ihre Worte auf. »Ja, dann darf ich ganz offen fragen – war er bei Ihnen auch nicht beliebt? Entschuldigen Sie bitte.«

»Sie müssen sich nicht entschuldigen. Ich habe nichts gegen offene Fragen. Und ich beantworte sie ebenso offen. Mein Mann war auch bei mir nicht sehr beliebt. Wir wohnten zwar zusammen in einem Haus, aber man kann sehr gut zusammen in einem Haus leben und doch nichts miteinander zu tun haben.«

»Was heißt das: Sie hatten nichts miteinander zu tun?« Harry Klein war diese Aussage zu vage. Er war von ihr überrascht, hoffte, daß die Frau sich deutlicher ausdrücken würde, und wollte noch einmal eine Bestätigung haben.

»Irgendwann stellten wir fest, daß wir in verschiedenen Welten leben«, beschrieb sie das Verhältnis zu ihrem Mann. »Ich lernte seine kennen – und sie gefiel mir nicht.«

»Was war seine Welt?« faßte Derrick nach.

»Eine andere, eine ganz andere als die meine. Es gibt Menschen, bei denen das Böse ein Teil ihres Wesens ist. Ihre Denkweisen sind böse.«

»Sprechen Sie jetzt von Ihrem Mann?«

»Ja, ich spreche von meinem Mann«, bekräftigte sie.

»Daß er ermordet worden ist, das ...« Er ließ den

Rest unausgesprochen und forderte sie damit auf, den Satz zu ergänzen. Sie tat es, ohne zu zögern:

»Das ist ein Ende, das zu ihm paßt.«

»Ich nehme an, Sie werden jetzt keine schwarzen Kleider tragen.«

»Ganz sicher nicht.« Diese Worte kamen klar und entschieden. Sie machte keinen Hehl aus ihrer Abneigung gegen den Mann, mit dem sie verheiratet gewesen, der aber nur auf dem Papier ihr Lebensgefährte gewesen war. Es war ihr absolut gleichgültig, daß er gestorben war. Sie verhielt sich, als ob von einem ihr völlig unbekannten Menschen gesprochen wurde, der irgendwo in der Stadt gelebt hatte und zu dem sie keinerlei Beziehungen gehabt hatte.

»Wo waren Sie vor etwa anderthalb Stunden?« fragte Derrick in seiner ruhigen, jedoch dezidierten Art, die keine Ausflüchte zuließ und eine Antwort geradezu erzwang.

»Ich war in meinem Atelier. Kommen Sie! Ich zeige es Ihnen.« Sie stand auf und ging voraus, um die beiden Kriminalbeamten in ein großes, helles Studio zu führen. Es war voller Bilder. Einige standen auf Staffeleien, andere hingen an den Wänden oder lehnten daran.

»Ich male«, erklärte sie. »Das läßt mich vieles besser ertragen. Ich war den ganzen Abend hier und habe gearbeitet. Die Farben sind noch nicht trocken.«

Derrick trat näher an eine Staffelei heran, um das Bild darauf zu betrachten. Es zeigte ein unbekleidetes

Mädchen in einer Nachtlandschaft. Sie stand in graziler Haltung vor einem dunklen Himmel. Das Licht des Mondes glänzte auf ihrer Haut und verlieh ihr einen eigenartigen Schimmer, der den Eindruck der Reinheit und die Ausstrahlung unberührter Schönheit noch vertiefte. Das Bild war kaum mehr als eine Skizze, noch nicht einmal zur Hälfte fertiggestellt, trug erst an wenigen Stellen Farbe und übte eine außerordentliche Wirkung auf Derrick aus. Die Nacktheit des Mädchens kam nicht deutlich heraus, sondern war nur angedeutet und ließ sich mehr erahnen, als daß sie zu sehen gewesen wäre.

»Hat das Bild einen Namen?«

»Mädchen im Mondlicht«, erwiderte die Künstlerin. Um zu beweisen, daß die Farbe noch nicht trocken war, legte sie einen ihrer Finger an die Zeichnung und zeigte Derrick danach, daß Farbe daran haftete.

»Verkaufen Sie Ihre Bilder?« Er nickte, als erwartete er nichts anderes als eine zustimmende Antwort, während er ihr zusah, wie sie die Farbe mit einem Tuch abwischte.

»Ja, manchmal«, entgegnete sie mit einer gewissen Belustigung, die erkennen ließ, daß sie nicht eben von Erfolg verwöhnt war. Ihre Bilder waren schön, aber nicht alle der ganz großen Kunst zuzurechnen. Ihr erging es wie den meisten Künstlern: Den Durchbruch hatte sie noch nicht geschafft, konnte aber wahrscheinlich bereits von ihrem Beruf leben.

»Dieses auch?«

»Gefällt es Ihnen?«

»Ja, es gefällt mir.«

Sie schien überrascht zu sein. »Was gefällt Ihnen daran?«

»Das ist mit einem Wort schwer zu sagen, aber Sie haben es ja gemalt. Sie werden ja wohl wissen, was es ausdrücken soll.« Er war kein Kunstexperte, der in der Lage gewesen wäre, eine genaue Analyse zu geben.

Sie half ihm.

»Da ist jemand, der noch träumt. Im Mondlicht träumt, bevor der graue Tag herankommt«, beschrieb sie die besondere Aussage der Darstellung. »Der Mond hat das Licht für Träume. Nicht die Sonne. Es ist noch nicht fertig. Ich glaube, ich werde es nicht verkaufen. Es bedeutet mir sehr viel.«

Danach schwieg sie eine Weile, und es schien, als habe sie selber zu träumen begonnen. Doch dann gab sie sich einen innerlichen Ruck, als sei sie soeben erwacht, und sie beendete das Thema. »Haben Sie noch Fragen?«

»Nein, im Moment nicht.«

»Habe ich mit dem Begräbnis etwas zu tun – oder regelt sich das von selbst?« Die Frage klang ausgesprochen kalt, beinahe verächtlich. Sie ließ keinen Zweifel daran, wie lästig es ihr war, sich noch einmal mit dem Mann beschäftigen zu müssen, mit dem sie verheiratet gewesen war.

»Ein Bestattungsinstitut wird alles Nötige erledigen.« Er versteckte seine Gedanken hinter einem Lächeln und verabschiedete sich.

Sie blieb zurückhaltend, kühl und distanziert, und dann brachte sie ihn und Harry Klein zur Tür.

Die beiden Kriminalbeamten verließen das Haus und stiegen in den Dienstwagen, der nur wenige Schritte von der Haustür entfernt parkte. Sie fuhren noch nicht ab, sondern sprachen nur kurz über die Unterredung, die sie mit Frau Bossler gehabt hatten.

»Sie macht überhaupt kein Hehl daraus, daß sie ihren Mann haßt«, stellte Klein fest, der sich hinter das Steuer gesetzt hatte. »Und sie wollte, daß wir das mitbekommen.«

»Ja«, bestätigte der Oberinspektor. »Den Eindruck hatte ich auch, und jetzt frage ich mich: Warum habe ich so viel Respekt vor ihr?«

»Respekt?« wunderte Klein sich.

»Ja«, sinnierte Derrick. »Den habe ich, und ich kann mir das noch nicht erklären. Ich muß darüber nachdenken.«

»Respekt vor einer Frau, die sich beklagt, weil sie jetzt Ärger mit der Leiche ihres ermordeten Ehemannes hat?«

»Ja. Ich sage ja, daß ich mich darüber wundere«, entgegnete Derrick. »Wir haben einiges über diesen Mann erfahren, aber nicht genug. Was für ein Leben hat er geführt, bevor er ermordet wurde? Wer waren seine Feinde, und warum wurden sie zu Feinden? Ich denke, diese Frage müssen wir klären, wenn wir dem Mörder auf die Spur kommen wollen.«

Klein startete den Wagen und fuhr los. Er ließ sich Zeit. Langsam rollte das Fahrzeug durch das nächtliche

München. Die beiden Männer hingen schweigend ihren Gedanken nach und versuchten, irgendwo einen Hinweis auf denjenigen zu finden, der Bossler in seinem Nachtclub getötet hatte. Mehrere von jenen Personen, denen sie in den vergangenen zwei Stunden begegnet waren, kamen in Frage.

Proske, der versponnene und wahrscheinlich alkoholkranke Pianist, der gerade zu jenem Zeitpunkt nicht am Flügel gespielt hatte, als Bossler gestorben war.

Der umtriebige Kallek, der sich um alles im Haus zu kümmern schien. Hatte er nicht seinen Platz hinter der Bar für kurze Zeit verlassen?

Frau Schuster, die schüchterne und ängstliche Garderobiere, der jegliches Selbstwertgefühl abhanden gekommen zu sein schien. Sie hätte ohne große Probleme durch eine Tür zum Büro Bosslers kommen und sehr schnell wieder an die Garderobe zurückkehren können.

Frau Bossler, die kühle Künstlerin, die über den Dingen zu stehen schien, die zur Mordzeit angeblich in ihrem Studio gewesen war und dies mit ein bißchen noch nicht trockener Farbe beweisen wollte.

Derrick griff zum Telefon und wählte eine Nummer, die er bereits eingespeichert hatte. Eine Frau meldete sich, und er nannte seinen Namen. Er fragte: »Ist Ihr Mann da, Frau Wegener?«

Er mußte ein paar Sekunden warten, dann vernahm er die bekannte Stimme eines Mannes, mit dem er beruflich schon viel zu tun gehabt hatte. »Hallo, Stephan! Du rufst an. Was ist los?«

»Hallo, Ingo!« erwiderte er. »Hast du einen Moment Zeit für mich? Können wir vorbeikommen?«

Der andere lachte.

»Was willst du dir ansehen? Den Betrieb hier? Den kennst du doch. Der Laden ist ziemlich voll.«

»Ist dir der Name Bossler ein Begriff?« Durch das Telefon vernahm Derrick einige der Hintergrundgeräusche dessen, was der andere »Betrieb« genannt hatte. Schüsseln klapperten, irgendwo pfiff ein Wassertopf, jemand spielte – nicht besonders gut – auf einer Gitarre, und ein anderer ging mit schlurfenden Füßen vorbei. »Bist du noch da?«

»Ja, natürlich«, antwortete Wegener. »Ich mußte nur gerade etwas erledigen. – Bossler? Soweit ich weiß, hat er ein Nachtlokal. Nicht weit von hier. Kein guter Typ.«

»Wie gut kennst du ihn?« fragte Derrick.

»So gut wie ich in Schwabing alle Typen kenne, die keine guten Typen sind«, klang es mit einem leisen Lachen aus dem Telefon. »Wieso? Was ist los mit dem Mann? Hast du mit ihm zu tun?«

»Ja, das ist richtig. Er ist tot.«

»Tot? Wieso? Hat ihn jemand umgebracht?« Wegener lachte verlegen. »Ja, natürlich. Sonst hättest du nicht mit ihm zu tun. Die Mordkommission.«

»Richtig«, bestätigte der Oberinspektor.

»Na, komm her! Wenn ich dir helfen kann, will ich das gerne tun.« Mit diesen Worten beendete Wegener das Gespräch und legte auf.

Minuten später betraten Derrick und Klein die sogenannte *Teestube*, eine Sozialstation in Schwabing. Ein großer Raum war durch teilverglaste Stellwände in mehrere kleine Einheiten unterteilt worden. Die behelfsmäßigen Möbel, Stahlrohrbetten, Schrifttafeln, Plakate an den Wänden, die Feldküche, die auch im Freien eingesetzt und benutzt werden konnte, und der Arzneimittelschrank boten einen eher traurigen Anblick. Ärmlich gekleidete Männer und Frauen hielten sich darin auf. Einer von ihnen war im Gesicht verletzt. Er hielt sich ein blutdurchtränktes Taschentuch an die Wange. In einer Ecke hantierte eine ältere Frau an einer Kaffeemaschine, während ein Jugendlicher schmutziges Geschirr in eine Spülmaschine einräumte. Ein Sammelsurium des Elends und der beschränkten Mittel auf der einen und ein Zeugnis der Hilfsbereitschaft auf der anderen Seite.

An einem Sekretär stand ein schlanker Mann im dunklen Pullover, und obwohl es nicht kalt war, trug er eine dicke Wollmütze. Sein Gesicht war von vielen Narben gezeichnet. Er hielt einen Telefonhörer in der Hand, legte jedoch auf, als er Derrick und Klein bemerkte, und ging zu ihnen, um sie zu begrüßen. Freundlich lächelnd schob er einen Mann zur Tür hinaus, der auf einer Gitarre spielte. Das Instrument war stark beschädigt, und so klang es auch.

»Ich hoffe, wir stören nicht«, sagte der Oberinspektor. Er nickte Frau Wegener grüßend zu. Sie kümmerte sich in einer abgeteilten Ecke des Raumes um zwei kleine Kinder, die sich schutzsuchend an sie drückten, ärmlich und verloren wirkten.

»Nein, nein«, beruhigte ihn Ingo Wegener, der Leiter der Sozialstation. Er kehrte ans Telefon zurück, hob den Hörer ab und wählte. »Ich versuche seit einiger Zeit, jemanden von deinen Leuten an den Apparat zu kriegen. Die Polizeiinspektion.«

Er hob kurz die Hand, um Derrick zu bedeuten, daß es ihm endlich gelungen war, die richtige Verbindung herzustellen.

»Ja, guten Tag, Wegener«, sagte er. »Ich habe zwei Kinder hier. Ein Mädchen und einen Jungen. Nein, sie haben sich nicht verlaufen. Sie sind von zu Hause weggelaufen, weil ihre Eltern sich beinahe gegenseitig umgebracht hätten. Ich möchte, daß Sie die Kinder abholen und nach Hause bringen. Und dort mal nach dem Rechten sehen.«

Er schwieg einen Moment, um sich die Entgegnung des Beamten am anderen Ende der Leitung anzuhören. Dann schüttelte er aufgebracht den Kopf, weil man ihn offenbar nicht verstand oder nicht verstehen wollte.

»Was ich damit zu tun habe?« fuhr er fort. Er sprach nun langsam und mit deutlicher Betonung, so als habe er es mit jemandem zu tun, dem er jedes Detail erklären mußte. »Ich bin vom Sozialamt, und ich habe hier in Schwabing meine Außenstelle. Die kennen Sie? Ist doch schön! Gut. Vielen Dank.« Er legte auf und ging zu den beiden Kriminalbeamten.

Derrick reichte ihm die Hand. »Grüß dich, Ingo!«

»Begriffen haben sie es immer noch nicht. Es stört sie, daß ich mich einmische. Man mischt sich nicht ein! Ist das ungesetzlich? Soll man die Dinge so laufen lassen, wie sie sind? Darf man nicht helfen, wo Hilfe dringend gebraucht wird, weil es Menschen gibt, die Ihre Probleme allein nicht bewältigen können?«

Ein alter, bärtiger Mann mit mehreren Plastiktüten in den Händen kam herein. Ein Obdachloser, der Schutz in der Sozialstation suchte. Wegener unterbrach das Gespräch mit Derrick sofort und wandte sich ihm zu. Er nahm seine Pflichten sehr genau und tat, was von ihm erwartet wurde.

Jemand hatte sich über den Obdachlosen beschwert und die Polizei gerufen. Nun versuchte er, dem alten Mann verständlich zu machen, warum das geschehen war.

»Der Laden ist hell erleuchtet, und der Besitzer will, daß man sieht, was er zu verkaufen hat. Du kannst nicht vor seiner Tür schlafen. Ich schlage vor, du bleibst heute nacht hier.« Er bat einen seiner Mitarbeiter, ihm einen Platz zuzuweisen, an dem er sich hinlegen und schlafen konnte. Die Tür war offen geblieben, so daß die Klänge der Gitarre zu hören waren. Stereotyp wiederholte der Spieler immer die gleichen Takte. Notruf einer Seele, die sich nicht mehr anders zu äußern wußte.

»Man hat dem Jungen da draußen die Gitarre einfach auf den Boden geknallt, so daß eine Ecke herausgebrochen ist«, berichtete er. »Ruhestörung nannte man es.«

Er schloß die Tür, ging zu Derrick, verschränkte die Arme vor der Brust und entschuldigte sich, daß er erst jetzt Zeit für ihn hatte. »Bossler ist ermordet worden?«

»Ja, vor jetzt zwei Stunden. Messerstich in die Brust – ins Herz. Es gibt keine Zeugen der Tat. Ich sehe, du kennst Bossler.«

»Das bringt mein Beruf nun mal mit sich, daß ich alle schrägen Vögel in diesem Stadtteil kenne.« Er lachte und zeigte dann kurz zu einer Mitarbeiterin hinüber. »Herta hat mal bei ihm gearbeitet. Daher.«

»Ich war hinter der Bar«, berichtete sie mit einem müden Lächeln. »Und stand den Gästen zur Verfügung. Und Bossler auch!« Sie ging weiter und wandte sich ihrer Arbeit zu.

Linda

»Stephan, ich will ehrlich sein«, sagte Wegener. »Ich weine dem Mann keine Träne nach. Und wenn ich an seinem Grab stehen würde, was Gott verhüten möge, würde ich keinen Hut ziehen. Immerhin – ein Mensch ist gestorben, wenn auch kein guter.«

»Warum kein guter?« fragte der Oberinspektor.

»Das ist schwer zu erklären«, erwiderte der Sozialarbeiter.

»Seine Frau sagte, das Böse sei ein Teil seines Wesens gewesen.« Derrick hoffte, daß Ingo Wegener darauf eingehen würde, doch das tat er nicht.

»Eine schöne Erklärung«, kommentierte er lediglich. »Ist sie nicht Malerin?«

»Ja«, bestätigte Klein.

»Nun, wenn sich eine Frau so über ihren Mann äußert, dann wird sie ja wohl wissen, warum«, versetzte Wegener. Dem war nichts entgegenzusetzen. Derrick mußte ihm recht geben. Und es war auch richtig, daß er aller Wahrscheinlichkeit nach mehr bei ihr über den Ermordeten erfahren konnte als hier in der Sozialstation

»Jemand mochte Bossler so wenig, daß er ihn umgebracht hat«, stellte Harry Klein fest.

»Tja«, seufzte Wegener. »Den Mörder zu finden wird keine leichte Aufgabe sein. Bossler hat viele Feinde. Im Grunde genommen hatte er ganz Schwabing gegen sich.«

Die Tür öffnete sich, und ein junges Mädchen mit schulterlangen, blonden Locken kam herein. »Guten Abend, Ingo!« grüßte sie, während sie sich ihm näherte. Sie bewegte sich mit anmutiger Leichtigkeit, und sie lächelte in einer erfrischenden und zugleich naiven Art. Sie war ein Mädchen, das auf Anhieb Sympathien gewann und zugleich eine solche Ausstrahlung besaß, daß sie den ganzen Raum zu füllen schien. Die Aufmerksamkeit aller wandte sich ihr zu. »Ich bin ein bißchen zu früh. Meine Mutter kam mir schon entgegen.«

»Du bist nicht zu früh. Und egal, wann du kommst, wir freuen uns immer«, entgegnete Wegener. »Guten Abend, Linda!«

Das Mädchen bemerkte die Kinder und ging zu ihnen hin. Sie sank vor ihnen in die Hocke und streichelte ihnen liebevoll die Wangen. »Was ist mit den Kindern?«

Zum erstenmal, seit sie in der Station waren, lächelten der kleine Junge und seine Schwester, die vorher so verloren ausgesehen hatten. Ihnen war anzusehen, daß sie Vertrauen zu dem Mädchen hatten, und daß ihre tröstende Geste sie ansprach. Sie spürten, daß Linda sich ihnen nicht zuwandte, weil sie sich dazu verpflichtet fühlte, sondern aus Herzensgüte.

»Sie sind von zu Hause weggelaufen«, sagte Frau Wegener. »Ihre Eltern haben sich geprügelt.«

»Müssen wir uns darum kümmern?« fragte Linda.

»Das macht schon die Polizei«, erwiderte der Leiter der Sozialstation.

»Die Polizei, die Polizei!« klagte das Mädchen und machte kein Hehl daraus, daß sie aus dieser Richtung keine tatkräftige Unterstützung erwartete. Offenbar hatte sie schlechte Erfahrungen mit den Ordnungshütern gemacht.

»Sei vorsichtig mit deinen Äußerungen über die Polizei«, empfahl ihr Wegener. Seine Ermahnung war nicht ganz ernst gemeint. Lächelnd deutete er auf Derrick und Klein. »Diese Herren hier sind von der Polizei.«

Linda richtete sich auf. »Ist etwas passiert?«

Sie schien verwirrt und verunsichert zu sein. Sorge zeichnete sich auf ihrem Gesicht ab, und sie blickte abwechselnd Wegener und die Kriminalbeamten an, als ob sie fürchtete, irgendein Unheil käme auf die Sozialstation und damit auf diejenigen Menschen zu, die hier betreut wurden und die auf sie angewiesen waren.

»Hat dir deine Mutter nichts erzählt?« fragte Wegener sich verwundert. Er wandte sich Derrick zu und erläuterte: »Ihre Mutter arbeitet bei Bossler als Garderobenfrau.«

Der Oberinspektor war überrascht. Mit einem Schlag klärte sich, warum Frau Schuster so spät in der Nacht von ihrer Tochter abgeholt wurde. Linda half offensichtlich in der Sozialstation aus, und die war die ganze Nacht über geöffnet, um jenen Unterstützung anbieten zu können, die vom Leben an den Rand der Gesellschaft gespült worden waren.

»Hat dir deine Mutter wirklich nicht gesagt, daß Bossler tot ist?«

Ihr Gesicht veränderte sich. Die Frische verschwand daraus und machte einem Ausdruck tiefer Betroffenheit Platz. Ihre Reaktion zeigte, daß sie bis jetzt noch nichts von dem gewaltsamen Ende des Mannes gewußt hatte.

»Bossler ist tot?« fragte sie mit leiser Stimme.

»Ja«, bestätigte Wegener. Er verschränkte die Arme vor der Brust, und dann sprach er von dem Getöteten wie von irgendeinem Fremden, dem man nie begegnet war und von dessen Tod man aus der Zeitung oder einem anderen Medium erfahren hatte. »Er wurde umgebracht. Und das sind die Herren, die mit dem Fall zu tun haben.«

In diesem Moment kamen zwei uniformierte Polizisten herein.

»Guten Abend!« grüßten sie, und einer von ihnen

deutete auf die Kinder. »Sind sie das? In welcher Verfassung sind sie?«

»Sie sind ein bißchen verstört«, beschrieb Ingo Wegener ihren Zustand.

Linda ging sogleich zu den Kindern und sank erneut vor ihnen in die Hocke, um sie tröstend an sich zu ziehen und ihnen das zu geben, was sie am meisten vermißten – ein kleines bißchen Liebe. »Da muß doch jemand von uns mitgehen, Ingo«, forderte sie.

»Stimmt«, gab er ihr recht und rief nach dem Studenten, der zuvor die Spülmaschine aufgefüllt hatte. »Hansi!«

Der junge Mann kam und nahm sich der Kinder an.

»Wir bringen sie nach Hause und schauen uns gleich mal an, was da los ist«, erklärte einer der Polizisten. »Dann kommt mal, Kinder!«

Sie führten die Kinder hinaus, der Student ging mit ihnen, und Linda rief ihm hinterher: »Nimm Sie an die Hand, Hansi!«

Sie schloß die Tür hinter ihnen, und die stereotypen Klänge der Gitarre, die vorübergehend zu hören gewesen waren, blieben draußen.

»Darf ich Sie etwas fragen?« bat Derrick, der das Mädchen die ganze Zeit über beobachtet hatte. »Es dauert nicht lange.«

»Ja, natürlich«, erwiderte sie.

»Sie haben Ihre Mutter abgeholt«, faßte er die Informationen zusammen, die er bisher erhalten hatte. »Ihre Mutter ist Garderobenfrau im Nachtlokal von Bossler.«

»Frau Schuster fährt nachts nicht gerne Auto«, schaltete sich Wegener ins Gespräch ein. »Deshalb holt Linda sie ab.«

»Na ja, das ist verständlich.« Derrick kam auf den Punkt zurück, der ihm am meisten Kopfzerbrechen bereitete. »Was ich weniger verstehe – Ihre Mutter hat Ihnen nicht gesagt, daß Bossler ermordet worden ist?«

»Nein«, bestätigte Linda.

»Ihre Mutter hatte das Nachtlokal bereits verlassen und ging Ihnen entgegen«, stellte Harry Klein fest. »Das war anders als sonst. Haben Sie sich darüber nicht gewundert?«

»Nein.« Das Mädchen wich seinen Blicken nicht aus, und es wirkte überzeugend.

»Sie haben nicht danach gefragt?«

»Also, wenn ich mal etwas sagen darf«, warf Ingo Wegener ein. »Ich kenne ihre Mutter. Es ist eine Frau, die eine Menge mitgemacht hat im Leben. Sie spricht nicht sofort über das, was sie belastet, weil sie immer einige Zeit braucht, mit solchen Dingen fertig zu werden und mit sich selbst ins reine zu kommen. Außerdem hat Linda ja jetzt von uns erfahren, daß Bossler tot ist.«

Derrick ließ ihn reden. Er spürte, daß der Leiter der Sozialstation das Bedürfnis hatte, sich mitzuteilen.

»Linda hilft mir, wenn sie kann. Stephan, ich sammle junge Menschen, die neugieriger sind als alte. Linda habe ich gesammelt ...« Wegener lachte über seinen seltsamen Ausdruck und verbesserte sich dann: »Nein, nein, so war es nicht. Sie kam zu mir und fragte: ›Darf ich helfen?‹ Und jetzt hilft sie uns, und ich bin sehr froh, daß sie hier ist.«

Die Tür flog auf, und eine Frau stürzte herein. Sie blutete sehr stark am Mund. Ihr war anzusehen, daß sie ein Straßenmädchen war. Alles an ihr war ebenso übertrieben wie billig – das Make-up, die Frisur, der allzu kurze Rock, die zu tief ausgeschnittene Bluse und die zu klein geratene Jacke aus imitiertem Krokodilleder.

Linda eilte sofort zu der jungen Frau, legte fürsorglich den Arm um sie, führte sie zu einem Stuhl und rückte diesen für sie zurecht. Dann reichte sie ihr ein sauberes Tuch, das sie auf ihre Lippen legen konnte.

Die beiden jungen Frauen boten ein sonderbares Bild der Extreme: Auf der einen Seite die Hure, der man ihr aufreibendes Leben ansah, die Prügel bezogen hatte von einem Mann, der sie ausbeutete, und auf der anderen Seite dieses liebenswerte Mädchen, das von einer Aura der Reinheit umgeben schien und sich vorbehaltlos dem Menschen in Not zuwandte.

»Er hat mich wieder geschlagen!« rief die Frau, und es war unverkennbar, daß sie damit einen Zuhälter meinte. »Mensch, schau dir das an, wie ich blute!«

*

Obwohl es schon nach Mitternacht war, herrschte im Vorzimmer von Derricks Büro reger Betrieb. Die Protokolle der letzten Stunden wurden geschrieben. Boten brachten weitere Informationen von der Spurensicherung und der Pathologie. Harry Klein sammelte einige Papiere ein und ging damit zu dem Oberinspektor.

Vor Derrick lag eine Akte auf dem Schreibtisch. Doch er las nicht darin, sondern blickte gedankenverloren auf die Wand, kaum daß er Klein bemerkte, der sich ihm gegenüber an einen anderen Tisch setzte.

»Nach allem, was uns bis jetzt an Aussagen vorliegt«, berichtete er, »war Bossler wirklich kein angenehmer Zeitgenosse. Er hat so ziemlich mit allem etwas zu tun gehabt, was ungesetzlich ist. Unter anderem ein bißchen Kokainhandel, ein bißchen Prostitution, ein bißchen Betrug.«

»Und war immer auf freiem Fuß.«

»Allerdings«, bestätigte Klein. »Der Mann war ein kalter Rechner, der genau wußte, was er tat, der vor keinem Verbrechen zurückschreckte, aber sich immer so geschickt verhielt, daß man ihm nichts nachweisen konnte. Der Klavierspieler sagte, Bossler sei ein kleines, selbstgebasteltes Universum gewesen – mit einem Mittelpunkt, und der war er selber. Nun ja, Proske liebt große Worte.«

Da Derrick nicht antwortete und auch sonst keine Reaktionen zeigte, fragte er: »Hast du etwas Neues gehört?«

Einsilbig erwiderte der Leiter der Mordkommission: »Nein.«

Klein musterte ihn erstaunt.

»Dich beschäftigt doch was, Stephan«, erkannte er. »Was ist los?«

Derrick schlug die Akte auf, die vor ihm lag, las ein paar Sätze und schloß sie wieder, bevor er sich äußerte.

»Ich denke immerzu an Frau Bossler, die Malerin. Sie geht mir nicht aus dem Kopf. Und dieses Bild, an dem sie gerade arbeitet ...«

»Die Nachtlandschaft?«

»Es ist mehr der Titel, den sie dem Bild gegeben hat. Er läßt mich nicht los«, eröffnete Derrick ihm. »Mädchen im Mondlicht.«

Harry Klein konnte ihm nicht folgen. Ihm erschien dieser Titel nicht so bedeutend.

»Ist irgend etwas daran interessant?« fragte er irritiert. Er hatte das Bild ebenfalls gesehen; es hatte ihm gefallen, aber ihn nicht so beeindruckt, daß er ständig daran denken mußte. Zudem konnte er sich nicht vorstellen, daß es irgendeinen Zusammenhang zwischen dem Bild und dem Mordfall gab.

Er versuchte, die Gedanken Derricks zu erraten. Glaubte dieser, daß die Malerin ihren Mann getötet oder daß es irgend jemanden gab, den sie dazu angestiftet hatte, ihn zu töten? Er beendete die diesbezügliche Überlegung sehr rasch wieder, denn er sah kein Motiv, das sie gehabt haben könnte.

»Vergiß es«, empfahl der Oberinspektor ihm.

»Es bleibt mir wohl nichts anderes übrig«, seufzte Klein. Er kannte den Freund lange genug, um zu wissen, daß er nicht mehr erfahren würde. Derrick glaubte eine Spur zu haben, doch er war sich seiner Sache noch nicht sicher, und solange er keine weiteren Informationen hatte, die es ihm erlaubten, eine Theorie aufzubauen, würde er sich dazu nicht äußern. Es lag ihm nicht, über derartige Dinge zu spekulieren.

Derrick griff zum Telefon und wählte.

Die Sozialstation meldete sich. Ingo Wegener war am Apparat.

»Ich bin es«, sagte der Oberinspektor. »Stephan.«

»So spät?« staunte der Sozialarbeiter. »Bist du noch im Büro?«

»Ja, allerdings. Auch wir von der Polizei haben einen langen Tag, und manchmal geht es eben bis spät in die Nacht hinein.«

»Was kann ich für dich tun?« Die Stimme Wegeners war laut und kräftig. Der anstrengende Dienst in der Sozialstation schien ihn nicht ermüdet zu haben.

»Mir geht es eigentlich nur um eine einzige Frage«, erklärte Derrick. »Weißt du, ob Frau Bossler, die Malerin, deine Mitarbeiterin Linda Schuster kennt?«

Es blieb lange still in der Leitung, so als ob Wegener sich nicht für eine Antwort entscheiden könnte.

»Ja, doch«, erwiderte er schließlich. »Soweit ich weiß, gibt Frau Bossler ihr Unterricht. Wieso? Ist das von Bedeutung?«

»Also von Bedeutung ...«, entgegnete der Oberinspektor. »Ach, ich dachte gerade darüber nach, und ich wollte es einfach nur wissen. Ob es wichtig ist oder nicht, weiß ich nicht. Ich hole nur Informationen ein. Weiter nichts. Manchmal ergibt sich etwas, manchmal nicht. So ist das eben bei unserer Arbeit.«

Wegener schien erheitert.

»Erzähle mir doch bei Gelegenheit, was daraus geworden ist«, bat er.

»Ja, das mache ich«, versprach Derrick. »Ist in Ordnung. Gute Nacht, Ingo!«

»Gute Nacht, Stephan!« verabschiedete sich Wegener und legte auf.

Derrick hielt den Hörer noch einige Sekunden lang in der Hand, bevor auch er ihn auf die Gabel zurückgleiten ließ.

Warum hatte Wegener mit seiner Antwort gezögert? Wollte er Linda schützen und vor weiteren Befragungen bewahren? Welchen Grund sollte er dafür haben? Hatte sie etwas zu verbergen? Hatte sein Verhalten womöglich mit der Mutter Lindas zu tun, der Garderobiere des Nachtlokals, die ihrer Tochter seltsamerweise nichts von dem Mord erzählt hatte, obwohl ein solches Ereignis sie doch aufgewühlt haben mußte?

Wollte Ingo Wegener nicht, daß eine Verbindung von Linda zu Frau Bossler bekannt wurde, war er ganz einfach beim Telefonat von irgend jemandem in der Sozialstation gestört worden – oder wollte er die Mordkommission auf eine falsche Spur locken?

Alle seine Gedanken führten zu Linda zurück.

*

Die Sonne schien ins Fenster der Küche, Linda direkt ins Gesicht. Sie blickte auf den Hof hinunter, der tief unter ihr lag und auf dem einige Jungen Fußball spielten. In der Wohnung war es ruhig. Sie lag im vierten Stockwerk eines alten Hauses, abseits der großen Zufahrtsstraßen zur Innenstadt Münchens.

Linda war sportlich gekleidet und schon seit einiger Zeit auf den Beinen. In der Kaffeemaschine lief das kochende Wasser durch, und ein aromatischer Duft breitete sich in der Küche aus.

Die Tür ging auf, und Anna Schuster kam herein. Sie trug einen weißen Bademantel, und sie sah müde aus, so als ob sie schlecht geschlafen hätte.

»Guten Morgen, Mama!« grüßte das Mädchen und eilte zu seiner Mutter, um sie mit einem Kuß zu begrüßen. »Ich wollte dich schon wecken, aber du hast tief geschlafen.«

»Ja«, seufzte Frau Schuster. »Gegen Morgen schlafe ich immer länger und immer tiefer. Ich weiß nicht, warum das so ist. Vielleicht habe ich Angst vor dem Aufwachen.«

»Vor dem Aufwachen? Warum denn?« Erstaunt blickte Linda ihre Mutter an. »Aufwachen ist doch das Schönste!«

Sie schob ihr den Stuhl hin und bat sie, sich zu setzen. Dann schenkte sie ihr Kaffee ein und reichte ihr die Sahne dazu.

»Soll ich dir ein Brot machen?« fragte Linda.

»Nein, nein«, ihre Mutter wehrte ab. »Laß mich nur hier sitzen.«

Sie wirkte, als ob sie noch nicht wach sei und ihre

Umgebung – vor allem Linda – gar nicht richtig wahrnähme. Sie hatte sich gekämmt, doch ihre Frisur war unschön, und in dem hellen Licht der Sonne wirkten die Falten in ihrem Gesicht wie tiefe Runen.

»Es ist gleich zwölf Uhr«, sagte das Mädchen. »Ich muß noch zum Einkaufen.«

»Hast du heute keine Vorlesung?«

»Doch, aber erst um zwei. Und dann habe ich anschließend Sport.« Sie blickte ihre Mutter forschend an und spürte deren Unruhe. Endlich brachte sie heraus, was ihr schon lange an diesem Morgen auf der Seele lag. »Was ich dich noch fragen wollte – die Polizei war gestern in der Teestube.«

»Ja – und? Das ist nicht ungewöhnlich. Polizisten kommen oft zu euch in die Sozialstation.« Frau Schuster trank etwas Kaffee und griff nach einer Scheibe Brot.

»Bossler ist tot«, fuhr Linda fort. »Er ist ermordet worden. Warum hast du es mir gestern abend nicht erzählt?«

»Habe ich nicht?« Frau Schuster tat verwundert. Sie fuhr sich mit einer Hand durchs Haar.

»Ich habe ihnen gesagt, daß ich dich abgeholt habe, und sie haben sich gewundert, daß du es mir nicht erzählt hast.« Linda wollte nicht gehen, bevor sie erfahren hatte, was sie meinte, unbedingt wissen zu müssen. Bisher hatte sie stets alles – oder doch fast alles – mit ihrer Mutter besprechen können. Sie konnte nicht verstehen, daß es jetzt plötzlich anders sein sollte. »Warum hast du es mir nicht erzählt?«

»Warum! Warum!« erregte sich die Garderobiere, als könnte sie den Wissensdurst ihrer Tochter nicht ertragen. »Ich weiß es nicht. Ich weiß es wirklich nicht. Ich habe noch nicht einmal darüber nachgedacht. Es hat keinen bestimmten Grund. Vielleicht mußte ich selber erst einmal mit diesem Gedanken fertig werden. Kann auch sein, daß ich dich damit nicht belasten wollte. Immerhin kostet es mich vermutlich meinen Job – wie ihr jungen Leute es nennen würdet.«

Sie stand auf, nahm ihre Kaffeetasse, ging ans Fenster, blickte nachdenklich hinaus und trank wiederum einen Schluck.

»Nachdem ich das Lokal verlassen hatte, ging ich dir zu Fuß entgegen«, berichtete sie, und dabei war sie immer noch aufgebracht und gereizt. »Das war nicht besonders angenehm. Ich habe nach deinem Auto Ausschau gehalten. Es war kalt, und ich habe gefroren. Und außerdem war ich müde, und ich hatte wohl keine Lust zu reden.«

Sie trank den Kaffee aus und setzte sich wieder.

»Müßtest du nicht schon längst weg sein?«

Ihre Tochter erhob sich langsam. Enttäuscht blickte sie ihre Mutter an. Sie hatte eine klare Antwort auf ihre offene Frage erwartet, doch die hatte sie nicht erhalten. Statt dessen hatte ihre Mutter nervös reagiert, so als habe sie kein Verständnis dafür, daß sie dieses Thema angesprochen hatte. Vielleicht hatte sie sogar die Unwahrheit gesagt. Und dann hatte sie sich in sich selbst zurückgezogen und eine Mauer um sich aufgebaut.

Was wußte ihre Mutter vom Tod Bosslers? Was verbarg sie vor ihr? Ein Gedanke drängte sich ihr auf, vor dem sie erschrak und den sie rasch wieder verdrängte.

»Soll ich dich heute abend wieder abholen?« bot sie ihre Hilfe an.

Doch auch jetzt wich ihre Mutter aus.

»Kind, ich kann es dir leider noch nicht sagen. Ich weiß es nicht«, erwiderte sie. »Ich habe keine Ahnung, wie es weitergeht mit dem Cabaret, ob der Betrieb eingestellt wird oder ob ihn jemand anders übernimmt, ob ich meine Arbeit behalte oder ob ich sie verliere. Vermutlich werde ich im Laufe des Tages etwas erfahren. Wir können dann ja miteinander telefonieren.«

»Ja, gut. Bis dann, Mama!« Das Mädchen nahm ihre Tasche, zögerte kurz, ging dann zu ihrer Mutter, gab ihr einen Kuß auf die Wange und verließ die Wohnung. Frau Schuster hörte, wie sie die Treppe hinabeilte.

Den grauen Tag noch nicht erlebt

Am frühen Nachmittag des folgenden Tages war Derrick mit seinem Dienstwagen unterwegs. Während der Fahrt telefonierte er über die Freisprechanlage mit Klein, der ihn im Präsidium erwartete. Er teilte ihm mit, daß er noch nicht die Absicht habe, ins Büro zu fahren.

»Jetzt werde ich dir etwas Seltsames verraten«, sagte

Klein. »Ich habe schlecht geschlafen. Dieses Mädchen geisterte durch meine Träume.«

»Linda«, erriet der Oberinspektor. »Und wieso?«

»Irgendwie hat sie einen tiefen Eindruck bei mir hinterlassen«, eröffnete ihm sein Assistent und fügte nachdenklich hinzu: »Und ich frage mich, wodurch.«

»Du weißt es nicht?«

»Nein«, gestand Harry Klein. »Es ist seltsam, aber ich habe keine Ahnung. Sie ist eine ungewöhnliche junge Frau und hat irgend etwas an sich, und das beschäftigt mich.«

Derrick ging nicht weiter darauf ein, sondern beendete das Gespräch. Er bog in eine stille Seitenstraßen ab und hielt wenig später vor dem Haus von Frau Bossler. Sie mußte sich an einem der Fenster aufgehalten und ihn bemerkt haben, denn als er aus dem Wagen stieg und sich der Haustür näherte, öffnete sie ihm bereits.

»Kommen Sie herein«, bat sie. »Seit bei den Zeitungen bekannt ist, daß mein Mann ermordet wurde, steht bei mir das Telefon nicht still. Jeder will etwas von mir wissen, aber ich weise sie alle ab und bitte sie, mit der Polizei zu sprechen, nicht aber mit mir.«

Mit einer sparsamen Geste forderte sie ihn auf, ins Haus zu gehen.

»In der Presse wird zu lesen sei, daß die Witwe nicht den geringsten Schmerz gezeigt hat«, fuhr sie fort, während er eintrat. Sie schloß die Tür hinter ihm und führte ihn ins Wohnzimmer. Sie ging betont aufrecht und hielt den Kopf hoch, jedoch nicht so, daß sie arrogant gewirkt hätte, aber auch nicht um jene Nuance geneigt, die ein gewisses Einlenken nach dem Tod ihres Mannes signalisiert hätte. Sie lebte in ihrer eigenen Welt, und die war von dem Zusammenbruch der Welt ihres Mannes nicht beeinträchtigt worden.

Das Innere der Villa war ebenfalls unverändert. Nichts wies darauf hin, daß etwas Ungewöhnliches geschehen war. Nirgendwo stand ein Foto auf den Schränken oder hing eines an der Wand. Es gab nichts, was auf Bossler hinwies, so als ob er nie in diesem Haus gelebt hätte. Äußerlich gesehen hatte er keine Spuren hinterlassen.

»Wie benehmen sich Frauen, deren Ehemann ermordet wurde?« fragte sie. Ein leises Lächeln stahl sich über ihre Lippen. »Sie sollten mich nicht ganz ernst nehmen.«

Es war der Versuch, dem Gespräch den sachlichen Charakter zu nehmen und ihm eine persönliche Note zu geben. Derrick ging nicht darauf ein.

»Weshalb suchen Sie mich auf?« Sie öffnete die Tür zur Terrasse und ließ frische Luft herein.

»Ich möchte mir das Bild noch einmal ansehen«, erwiderte er in der für ihn so charakteristischen Art, die keinerlei Rückschlüsse auf seine tieferen Absichten zuließ.

Frau Bossler schien überrascht und nicht zu verstehen, was er meinte. »Das Bild? Welches Bild?« Sie wandte sich bereits ihrem Atelier zu.

»Mädchen im Mondlicht«, antwortete er. »Darüber haben wir uns bereits unterhalten.«

»Warum wollen Sie es sehen?« Sie blieb stehen, als wollte sie ihm den Zugang zum Atelier verwehren. Seine Bitte schien eine gewisse Abwehr bei ihr hervorzurufen, da sie nur mit seinen Ermittlungen in dem vorliegenden Mordfall zu tun haben konnten. Sie vermochte offenbar keine Verbindung zwischen dem Porträt und dem Tod ihres Manne zu erkennen.

»Es hat mir gefallen«, entgegnete der Oberinspektor. »Ja, und es hat meine Phantasie beschäftigt.«

»Ach, es hat Ihre Phantasie beschäftigt?« Sie dachte über seine Worte nach und war sich sicher, daß er ihr nicht die ganze Wahrheit sagte, sondern etwas vor ihr verbarg. Sie fand nicht heraus, was es war, aber sie gab sich einen Ruck und öffnete die Tür zum Atelier. »Kommen Sie!«

»Ich habe gehört, Sie haben eine Schülerin«, sagte Derrick, während sie vorausging.

»Ich habe einige Schülerinnen«, korrigierte sie ihn. »Nicht nur eine. Welche meinen Sie?«

»Linda.«

»Linda Schuster. Ja, ich gebe ihr Unterricht.«

»Sie ist die Tochter der Garderobenfrau im Lokal Ihres Mannes.«

Sie blickte ihn an, als sei sie sich dieser Tatsache erst jetzt bewußt geworden, da er sie erwähnte.

»Ja«, bestätigte sie. »Ich lernte Linda kennen ...«

»Wann, wo und wie?« unterbrach er sie.

»Ich müßte überlegen, wann, wo und wie ...« Sie verschränkte die Arme vor der Brust und zuckte mit den

Achseln. »Irgendwie. Das muß Ihnen im Augenblick reichen. An die genauen Umstände kann ich mich im Moment nicht erinnern. Sicherlich fallen sie mir später ein. Ich weiß, daß mich das Mädchen von Anfang an interessierte. Sie brachte mir Zeichnungen.«

»Sie hat einen großen Eindruck auf Sie gemacht«, stellte Derrick in seiner ruhigen Art fest.

»Ja, das ist richtig.« Sie nahm das Bild *Mädchen im Mondlicht* auf, das auf dem Boden stand, und stellte es auf eine Staffelei. Dann griff sie nach einigen Farbtuben, drehte sie prüfend in den Händen und stellte sie wieder weg. Derrick hatte nicht den Eindruck, daß sie es tat, weil es wichtig war.

»Auf mich auch«, erklärte er.

»Sie haben Sie kennengelernt? Wann, wo und wie?« Es schien ihr zu gefallen, daß sie mit dieser Formulierung kontern konnte.

»Das kann ich Ihnen präzise sagen: Gestern nacht in der *Teestube*. Das ist eine soziale Einrichtung eines Freundes von mir, eine Anlaufstelle für alle, die Hilfe und ein bißchen Zuspruch benötigen. Er arbeitet beim Sozialamt«, verriet ihr Derrick. »Da traf ich Linda. Also gestern nacht, als ich sie sah, da dachte ich mir, das ist sie. Das könnte sie sein – das Mädchen im Mondlicht. Wie beschrieben Sie es doch? Da ist jemand, der noch träumt, der den grauen Tag noch nicht erlebt hat.« Er wandte sich dem Bild auf der Staffelei zu und betrachtete es. »Deswegen bin ich hier. Ist sie das? Ist das Linda Schuster?«

»Ja«, entgegnete Frau Bossler. »Das ist sie. Sie hat mir Modell gestanden. Nicht für dieses Bild. Das ist nur die Idee, die mir kam, als ich sie kennenlernte.« Sie ging zu einem Schrank und holte eine große Mappe daraus hervor. »Die Zeichnungen, die ich von ihr angefertigt habe, sind hier.«

Sie reichte ihm eine Reihe von Skizzen, die das unbekleidete Mädchen in anmutiger Haltung zeigten. Derrick konnte nicht umhin zuzugeben, daß er beeindruckt war von der Qualität der Zeichnungen, ihrem künstlerischen Aufbau und der Schönheit des Mädchens.

»So habe ich sie gezeichnet, und dabei habe ich versucht wiederzugeben, was ich bei ihrem Anblick empfand.«

»Sehr gut«, urteilte er, und sie legte ihm weitere Blätter vor. Sie machten deutlich, daß Frau Bossler Linda nicht nur flüchtig kannte, sondern sehr oft mit ihr gearbeitet hatte, denn derartige Skizzen konnten von keinem noch so schnell arbeitenden Künstler an nur einem Tag angefertigt werden. Dazu waren eine Reihe von Sitzungen nötig gewesen. Da die Frau des Ermordeten das Mädchen als ihre Schülerin bezeichnet hatte, mußte sich eine Beziehung aufgebaut haben, die über jene der Künstlerin zu ihrem Modell hinausging.

»Kennen Sie Ingo Wegener, den Sozialarbeiter?« fragte er.

»Ja, ich habe ihn kennengelernt.« Sie legte die Zeichnungen wieder in die Mappe, und dabei ging sie sehr sorgfältig vor, um keines der Blätter zu beschädigen oder zu knicken. »Ein ganz ungewöhnlicher Mann. Wie kommen Sie jetzt auf ihn?«

Er betrachtete das *Mädchen im Mondlicht* und schien sie nicht gehört zu haben. Sie schloß die Mappe und verstaute sie wieder im Schrank.

»Haben Sie Ihren Mörder schon gefunden?« Sie wandte sich ihm zu und blickte ihn aufmerksam an.

»Nein«, erwiderte er. »Sonst hätte ich die Ermittlungen bereits eingestellt.« Er kehrte noch einmal zu dem Bild zurück, das auf der Staffelei stand. »Werden Sie es verkaufen?«

Sie kam zu ihm und schüttelte den Kopf.

»Nein. Ich glaube nicht, daß ich es verlieren möchte, wenn es fertig ist.« Sie nahm das Bild herab und stellte es auf die Seite. »Sind Sie nur gekommen, um sich nach Linda zu erkundigen?«

»Würden Sie das verstehen?«

»Ja«, antwortete sie aus voller Überzeugung. »Ja, das würde ich – wenngleich ich mir nicht erklären kann, was sie mit dem Mordfall zu tun haben sollte.«

Damit war das Gespräch noch nicht beendet. Derrick wollte mehr über Linda wissen – was sie studierte, wo sie studierte, wo sie sich zu dieser Stunde aufhielt und wie er sie erreichen konnte. Frau Bossler konnte ihm erstaunlich viel über das Mädchen sagen, und sie tat es bereitwillig. So erfuhr er, daß Linda später an diesem Tag ins Atelier kommen wollte, zur Zeit aber in der Universität war und an einer Sportstunde teilnahm.

Derrick verabschiedete sich, fuhr zur Universität und

fragte sich zur Turnhalle durch. Er stellte seinen Wagen vor der Halle ab und trat ein. Vor der Gedenktafel zur Erinnerung an den Besuch des Prinzregenten Luitpold von Bayern blieb er kurz stehen und legte sich die Fragen zurecht, die er dem Mädchen stellen wollte. Er vernahm bereits die Geräusche der Ball spielenden Studentinnen aus der Halle, das Quietschen der Sohlen ihrer Turnschuhe, das Aufprallen des Balles auf dem Boden oder ihren Armen und die gelegentlichen Pfiffe des Übungsleiters, der zugleich als Schiedsrichter fungierte.

Linda Schuster war unter den Mädchen. Ebenso wie die anderen auch trug sie sportlich modische Kleidung, und sie nahm voller Eifer, mit sichtlichem Vergnügen und mit viel Geschick an dem Volleyballspiel teil. Mit einem Schmetterball holte sie den entscheidenden letzten Punkt. Danach fanden sich die Mädchen zu einem Kreis zusammen, um sich abzuklatschen.

»Gratuliere«, sagte Derrick, als sie anschließend zu ihm kam.

»Danke.« Sie lächelte. Ihr volles Haar hatte sie im Nacken zu einem dicken Zopf zusammengebunden. »Sie kommen hierher in die Uni? Sie wollen zu mir?«

»Ja, ich habe mich erkundigt, wo ich Sie finde, und da habe ich gehört, daß Sie hier sind.«

»Worum geht es denn?«

»Jetzt wird es schon wieder schwierig für mich«, entgegnete er. »Fangen wir mal so an. Also: Frau Bossler, die gibt Ihnen doch Malunterricht. Ist das richtig?«

»Ja«, bestätigte sie in ihrer offenen, frischen Art. »Ich habe Zeichenstunden bei ihr.«

»Und wie haben Sie Frau Bossler kennengelernt?«

»Das war eines Nachts, als ich meine Mutter abholte, da bin ich ihr vor dem Nachtlokal begegnet, und später dann hat sie mich in der Teestube aufgesucht.«

Derrick war überrascht. Daß Frau Bossler vor oder gar in dem Lokal ihres Mannes auftauchte, empfand er nicht als ungewöhnlich, wohl aber, daß sie die Sozialstation besucht hatte.

»In der Teestube? Wie kam sie dorthin?«

»Ich glaube, meine Mutter hat ihr erzählt, wo ich mich nachts herumtreibe.« Sie lachte über diesen Ausdruck, der so gar nicht zu ihr und zu der sozialen Arbeit paßte, die sie leistete. »Sie muß ihr gesagt haben, daß ich in der Teestube bin.«

Derrick nickte. Diese Darstellung war glaubhaft. Er wechselte das Thema und wandte sich einer anderen Frage zu, die ihn beschäftigte.

»Frau Bossler hat Sie gezeichnet.«

»Haben Sie die Zeichnungen gesehen?« Ihre Augen begannen zu leuchten. Sie war stolz auf ihre Arbeit als Modell und vor allem auf das Ergebnis, und sie freute sich darüber, daß die Zeichnungen gelungen waren.

»Ja, ich habe sie gesehen«, bestätigte Derrick. »Ich finde sie sehr gut. Kennen Sie auch das Gemälde, das Frau Bossler angefangen hat? Sie nennt es ›Mädchen im Mondlicht‹.«

»Nein«, erwiderte sie.

Später im Polizeipräsidium sprach Derrick mit Harry Klein über die Begegnungen dieses Tages.

»Linda Schuster schien überrascht zu sein, daß Frau Bossler mit der Arbeit an einem Bild von ihr begonnen hatte, von dem sie nichts wußte«, berichtete der Oberinspektor. »Und vielleicht war sie auch ein wenig traurig, weil die Malerin sie in diesem Fall nicht ins Vertrauen gezogen hat. Ich weiß nicht genau, was da war, aber irgendwie schien sie mit diesem Bild nicht ganz einverstanden zu sein.«

»Du opferst diesem Mädchen erstaunlich viel Zeit«, stellte Klein fest. »Glaubst du denn, daß sie mit dem Mord etwas zu tun hat? Oder weshalb hast du sie aufgesucht?«

Derrick saß hinter seinem Schreibtisch und drehte nachdenklich einen Bleistift in den Händen. »Ich weiß es nicht«, entgegnete er, legte den Bleistift zur Seite, richtete ihn sorgfältig aus und erhob sich, wobei er einen Blick auf seine Uhr warf. »Ich kann dir diese Frage nicht eindeutig beantworten. Aber das ist ein Grund, noch einmal zu Wegener zu gehen. Vielleicht kann er mir auf die Sprünge helfen. Immerhin kennt er Linda besser als viele andere. Ich schau mal rüber ins Sozialamt. Mal sehen, ob das etwas bringt.«

Bis zum Büro Ingo Wegeners waren es nur wenige Schritte. Er brauchte noch nicht einmal das Haus zu verlassen.

Als er das Vorzimmer betrat, sah er zu seiner Überraschung, daß Herta darin arbeitete und auf einer

Schreibmaschine schrieb – jene Mitarbeiterin der Sozialstation, die ihm in der Nacht erzählt hatte, daß sie für Bossler gearbeitet hatte – hinter der Bar – und daß sie den Gästen und ihm hatte zur Verfügung stehen müssen.

Müssen? Er stutzte.

Bossler hatte sie gedemütigt und zur Prostitution gezwungen. Hatte sie das so ohne weiteres hingenommen, oder hatte sie sich irgendwann gewehrt? Hatte sie sich schließlich für das gerächt, was er ihr angetan hatte?

»Sie sind jetzt hier beim Sozialamt?« staunte er.

»Ja«, antwortete sie stolz lächelnd. »Ingo hat mir eine Stelle besorgt. Ich bin Mitarbeiterin und bekomme Gehalt. Ich bin so eine Art Sekretärin, obwohl ich früher nie eine Schreibmaschine gesehen habe.«

Derrick lachte und tippte mit der Hand leicht gegen die Schreibmaschine.

»Das ist eine«, sagte er, behielt seine Gedanken für sich und ging durch die offene Tür zu Ingo Wegener ins Büro. Er klopfte an die Tür, bevor er eintrat, und dann zog er sie hinter sich zu. »Ich hoffe, ich störe nicht.«

»Hallo, Stephan!« begrüßte Wegener ihn. »Komm herein! Setz dich!« Er erhob sich kurz, reichte ihm die Hand und ließ sich wieder auf seinen Bürosessel sinken.

Amüsiert fuhr er fort: »Tja, wer hier hereinkommt, betritt eine Behörde, und manchem schlägt das auf die Atemwege.«

Derrick nickte belustigt, doch dann stutzte er. »Ach, daher kommt die Idee mit der Teestube! Sie zu betreten fällt den Leuten nicht so schwer, wie hierher zu deiner Behörde zu gehen. Warum heißt sie Teestube?«

»Na, ganz einfach.« Wegener lächelte. »Weil wir Tee ausschenken. Alkohol gibt es natürlich nicht. So hat sich der Name von selbst ergeben.«

»Klar. Hätte ich mir denken können.«

»Wir nehmen da jeden auf, der Hilfe braucht«, eröffnete er ihm in dem Bemühen, ihm seine Tätigkeit nahezubringen. »Oder der einen Rat braucht oder einfach nur mal getröstet werden will. Er bekommt da, was er am nötigsten braucht – ein bißchen Mitgefühl.«

Er schilderte einige Fälle, mit denen er in den letzten Tagen und Wochen zu tun gehabt hatte, und dabei beschrieb er die Verhältnisse etwas umständlich und prosaisch. Derrick ließ den Freund reden, denn diesem schien es gutzutun, sich mal jemandem in dieser Weise öffnen zu können. Viele Besucher der Teestube waren allzu besitzergreifend, nahmen die Hilfe selbstverständlich hin und meinten buchstäblich allen seelischen Ballast bei den Mitarbeitern der Station ablassen zu können.

Auf diese Weise erhielt Derrick einen Einblick in das Elend, das es in der Stadt gab und das sich auf jenen Stadtteil zu konzentrieren schien, in dem die Reklamelichter besonders grell, das Leben in den Szenekneipen lauter als anderswo, die Anzahl der Luxusautos auffallend hoch und die Fassaden der Häuser mehr auf äußerliche Wirkung gestaltet waren als in anderen Teilen der Stadt.

Die Teestube befand sich mitten in einem Bereich, der für die Gescheiterten unserer Gesellschaft von extremer Anziehungskraft war.

Nur ein kleiner Hund

Irgendwann hatte Derrick genug gehört, und er unterbrach Ingo Wegener mit der Bemerkung: »Ja, ja, ich verstehe. Menschen, die mit dem Licht der Liebe durch die dunkle Welt rennen ...«

Der Sozialarbeiter lachte.

»Ja, ja, ich weiß, das hört sich an wie ein schlechtes Gedicht. Es gibt Leute, für die bin ich der Poet vom Jugendamt.« Er beugte sich vor, stützte sich mit den Ellbogen auf seinen Schreibtisch und fragte: »Stephan, weshalb bist du hier? Doch nicht, um dir diese Geschichten um die Teestube anzuhören.«

»Es geht mir um Linda«, entgegnete der Oberinspektor. »Erzähle mir doch mal etwas von ihr!«

»Von Linda? Warum gerade von ihr?«

»Läuft sie auch mit einem Licht durch die dunkle Welt?«

»Stephan!« Wegener schien kein Verständnis dafür zu haben, daß Derrick diese Formulierung wiederholte und ihr ein so starkes Gewicht verlieh. »Es war doch nur so ein Bild, das ich gebraucht habe. Eine Allegorie. Weiter nichts.«

»Immerhin ist es ein Bild, das Frau Bossler gemalt hat!« betonte der Kriminalbeamte. Er ließ nicht locker, und er gab seinem Gegenüber zu verstehen, daß ihr Gespräch an einem Punkt angekommen war, den er nicht so einfach überspringen wollte. »›Das Mädchen im Mondlicht‹. Und sie meint Linda.«

Ingo Wegener lehnte sich in seinem Sessel zurück. Verwundert schüttelte er den Kopf.

»Was ist Schlechtes daran, wenn Linda – mit einem Licht durch die Dunkelheit geht?« fragte er.

»Gar nichts«, erwiderte Derrick. »Ich bin weit davon entfernt, so etwas zu kritisieren. Ich möchte nur mehr über Linda wissen.«

»Also gut«, Wegener gab nach. »Dann betrachten wir es mal ganz sachlich und ohne poetische Bilder: Linda hilft mir. Sie hat eine ungeheure soziale Ader und überhaupt keine Vorurteile. Stephan, sie liebt die Menschen! Säufer, Nutten, Penner, Obdachlose. Egal! Es sind Menschen, und sie hilft ihnen. Das ist Linda.«

Er sprach mit einer deutlichen Bewunderung für das Mädchen und für ihre Selbstlosigkeit.

Derrick erhob sich, bedankte sich für die Informationen und ging zur Tür.

»Vielleicht schaue ich heute abend noch einmal in der Teestube vorbei«, kündigte er an.

»Du bist mir jederzeit willkommen«, beteuerte Wegener. »Wir haben genug Tee für alle.«

*

Es war schon spät, als Derrick bei der Sozialstation eintraf. Er stellte seinen Wagen vor der Eingangstür ab, vor der drei Männer und eine Frau auf dem Boden saßen und eine Wermutflasche kreisen ließen. Ein junger Mann, dessen Kopf frisch verbunden worden war, kam aus der Teestube und verdrückte sich in die Dunkelheit.

Als Derrick die Teestube betrat, stand Ingo Wegener mitten im Raum und hielt eine neue Gitarre in den Händen. Er spielte eine kleine Melodie darauf, dann reichte er sie jenem Mann, der in der Nacht zuvor draußen vor der Teestube gestanden und auf seinem stark beschädigten Instrument immer die gleichen Takte angeschlagen hatte.

»Hier, die ist neu«, sagte er. »Versuch mal, ob du damit zurechtkommst!«

»Ich danke dir«, sagte der andere. Die Stimme versagte ihm, so daß er kaum zu verstehen war. Er hatte das Geschenk offensichtlich nicht erwartet, und vor Rührung und Dankbarkeit traten ihm die Tränen in die Augen. »Du Hund, du!«

Wegener nickte ihm freundlich zu und bat ihn, das Instrument draußen auszuprobieren, wo die Musik niemanden störte. Er trug wieder seinen dunklen Pullover und die Strickmütze, und er organisierte das Treiben um ihn herum mit leichter Hand – leise, geschickt und mit der gebotenen Autorität, ohne sich hervorzutun oder jemanden einzuengen.

Einige Männer lagen auf den Betten und beobachteten ihn. Studenten betreuten Obdachlose und Verletzte, und eine ältere Frau schenkte heiße Suppe aus einem großen Kessel aus. Hansi wechselte bei einem älteren Mann einen Verband am Arm.

»Stephan!« rief Wegener, als er den Oberinspektor bemerkte. »Komm nur herein. Du möchtest ... Tee?«

»Du bietest mir Tee an? Und ich dachte, du bist mein Freund!« scherzte Derrick.

Ingo Wegener lachte herzlich.

Er wandte sich der Frau an dem Suppenkessel zu und fragte: »Sag mal, hat sich Linda schon gemeldet?«

»Sie hat angerufen«, antwortete die Frau und schwenkte die Suppenkelle, um einen der Obdachlosen zu bedienen. »Sie kommt etwas später.«

In diesem Moment kam das Mädchen herein. Auf dem Arm trug sie einen kleinen Mischlingshund.

»Da ist sie ja«, sagte Wegener und machte Derrick auf sie aufmerksam Dann fragte sie: »Wo hast du denn den her?«

»Guck mal, Ingo, ist der nicht süß? Ich habe ihn aus dem Tierheim«, erwiderte sie stolz lächelnd. Sie kraulte dem Hund das Fell, und er leckte ihr dankbar das Kinn. Sanft drückte sie seinen Kopf zur Seite. »Er ist total anhänglich.«

Sie blickte Derrick an und grüßte freundlich, und er erwiderte den Gruß, angetan von der Liebe, mit der Linda mit dem Hund umging. Dem Tier war anzumerken, daß es sich in ihren Armen ausgesprochen wohl fühlte.

»Der Hund hat eine kleine Vorgeschichte«, berichtete Ingo Wegener. »Willst du sie uns erzählen, Linda?«

»Gern«, entgegnete sie. »In der Unterführung zur Oper sitzt abends immer ein Penner. Mit einem Hund. Und der Hund wurde ihm gestohlen, und da haben wir gedacht ...« Sie blickte Ingo Wegener lächelnd an, und ihre Augen leuchteten.

Derrick verstand. Der genannte Penner litt unter dem Verlust des Hundes, und sie wollte ihm eine Freude machen, indem sie ihm einen anderen schenkte. Da war es wieder, jenes Licht, das die Dunkelheit erhellte und mit dem sie ein wenig Glück zu jenen Menschen bringen wollte, die zu den Verlorenen zählten und für die sie ein so großes Herz hatte.

Sie liebte die Menschen, kannte keine Vorurteile und wollte nichts weiter als helfen. Es machte sie glücklich, den Verzweifelten ein wenig Hoffnung zu geben und ihnen ihre Zuneigung zu zeigen. Und sie bot ihre Hilfe nicht eines Vorteils wegen an.

»Wir haben es wichtig genommen, daß dem Mann der Hund gestohlen wurde«, erklärte Wegener, korrigierte sich dann jedoch: »Das heißt, Linda hat es wichtig genommen.«

Das Mädchen hauchte dem Hund einen Kuß auf den Kopf.

»Komm!« sagte sie. »Wir bringen ihn hin.«

»Hast du Zeit?« fragte Wegener.

Derrick zögerte. Er wußte nicht so recht, wozu er ihn und das Mädchen begleiten sollte, doch dann stimmte er zu. Vielleicht war dies eine Gelegenheit, noch etwas mehr über Linda zu erfahren.

Sie verließen die Teestube und fuhren mit dem Dienstwagen des Oberinspektor zur Oper. Am Eingang zum Tunnel stellte er das Fahrzeug ab, und sie stiegen in eine Welt des Elends hinab. Die Obdachlosen drängten sich an den Wänden des Tunnels zusammen, in dem es schmutzig war und nach Urin stank. Der Wände waren mit Graffitis beschriftet, die irgend jemand während der Tageszeit angebracht hatte, zu der sich sonst niemand hier aufhielt. Es waren groteske Botschaften, die nichts mit dem Geschehen in der Oberwelt und den Nachrichten darüber gemein hatten; oft nur die verzierten Künstlernamen der Schreiber, manchmal aber auch ganze Sätze. »Prüft alles, dann bewahret das Gute«, entzifferte Derrick einen der Schriftzüge.

Da es kalt war, hüllten sich die meisten der Männer und Frauen in Decken, oder sie lagen in Schlafsäcken auf dem blanken Boden und versuchten zu schlafen.

Linda trug den Hund erwartungsfroh lächelnd und war ein wenig schneller als Derrick und Wegener, als könnte sie es nicht erwarten, das Tier dem Bettler zu übergeben.

Der Mann war alt. Er trug einen langen Bart, und seine Haare ragten wirr unter einem löcherigen und verbeulten Hut hervor. Er regte sich nicht, lehnte den Kopf gegen die Mauer hinter sich und blickte zu den Menschen hoch, die an ihm vorbeihasteten.

Es waren fast ausschließlich Opernbesucher. Sie waren elegant und teils sehr teuer gekleidet, festlich angetan von dem Erlebnis, das ihnen bevorstand, und viele von ihnen hatten keine andere Möglichkeit zum Opernhaus zu kommen, als gerade durch diesen Tunnel zu gehen, einem schmalen Weg zu folgen, auf dem links und rechts das Elend hautnah heranrückte. Die meisten von ihnen unterhielten sich angestrengt miteinander, betont darauf bedacht, die Menschen zu ignorieren, die an den Tunnelwänden auf dem Boden saßen oder lagen.

Niemand warf etwas Geld in die Hüte, die auf den Boden lagen, niemand hatte etwas übrig für den alten Mann und die anderen, die den Halt verloren hatten und aus irgendwelchen Gründen aus jener Ordnung herausgefallen waren, die von der Allgemeinheit als die einzig richtige angesehen wurde. Sie ließen diese Menschen ihre Verachtung spüren, indem sie so taten, als seien sie nicht vorhanden.

Einer der Obdachlosen stand in der Pose eines Opernsängers, die Arme mit den zerschlissenen Mantelärmeln ausgebreitet, den Hut in der einen Hand, und sang den Vorübereilenden die Moritat aus der Dreigroschenoper nach: »Und der Haifisch, der hat Zähne, und die trägt er im Gesicht, und Macheath, der hat ein Messer, doch das Messer sieht man nicht.«

Niemand spendete ihm etwas; hin und wieder spuckte er den Passanten hinterher.

Linda ging zu dem alten Mann hin und ließ sich neben ihm auf den Boden sinken.

»Hallo, Herr Wörner!« grüßte sie freundlich. »Ich habe einen neuen Hund für Sie.«

Er drehte den Kopf langsam herum und sah sie an, doch es dauerte lange, bis er sie wirklich wahrnahm, bis er aus jener Welt, in die er sich zurückgezogen hatte, in die Realität zurückkehrte.

»Das ist nicht mein Hund«, erwiderte er leise.

»Ich weiß, daß es nicht Ihr Hund ist«, erklärte sie, während sie dem Hund den Kopf kraulte. »Ich habe diesen für Sie besorgt. Sie können ihn behalten.«

»Es ist nicht mein Hund«, wiederholte er und machte dabei deutlich, daß es nicht jenes Tier war, das man ihm entwendet hatte. Seine Stimme klang gereizt und war deutlich lauter geworden.

»Ich weiß, daß es nicht Ihr Hund ist«, antwortete sie ruhig und geduldig. »Ich habe ihn extra aus dem Tierheim geholt, und wenn Sie wollen, ist es Ihr Hund. Sehen Sie ihn doch wenigstens mal an! Ich schenke Ihnen den Hund.«

Sie versuchte, dem Obdachlosen den Hund hinüberzureichen. Er begriff nicht, daß sie es gut mit ihm meinte und ihm eine Freude machen wollte. Er stieß sie zurück, geriet in Panik und wurde hysterisch.

»Ich will keinen Hund!« schrie er. »Es ist nicht mein Hund! Weg mit diesem Hund! Was willst du von mir?«

Wie von Sinnen stieß er sie zurück und schlug zugleich auf sie ein – so heftig, daß sie hintenüber kippte und mit dem Hund im Arm auf den Boden fiel.

»Warum tust du das?« rief er mit tränenerstickter Stimme, so als ob sie ihm etwas Böses getan hätte. »Warum?«

Ingo Wegener eilte erregt und um das Mädchen besorgt hinzu. Mit einem kräftigen Schwung warf er den Obdachlosen zurück, half Linda auf und zog sie an sich. Er umarmte sie und strich ihr tröstend mit der Hand über das Haar, während sie zutiefst betroffen und irritiert den Kopf an seine Brust lehnte.

»Ist ja gut, Linda«, sagte er leise, beinahe zärtlich. »Ist ja gut. Der Mann hat dich nicht verstanden. Er hat nicht begriffen, was du tun wolltest.«

Sie löste sich aus seinen Armen und wich vor ihm und dem Alten zurück.

»Wo ist der Hund?« fragte sie besorgt und blickte sich suchend um. Sie schien den Vorfall bereits vergessen zu haben und machte sich nur noch Gedanken um das Tier.

Wegener bückte sich, packte den alten Mann bei den Aufschlägen seines Mantels und riß ihn hoch, um ihn dann gegen die Wand zu stemmen und ihm die Hände an den Hals zu legen.

»Du wagst es, dieses Mädchen anzugreifen?« fuhr er ihn an. Er war außer sich vor Zorn.

»Lassen Sie mich los!« keuchte der Alte angstvoll. »Ich kriege keine Luft mehr.«

Doch Wegener war so erregt, daß er nicht reagierte.

»Ingo!« schrie Derrick – und jetzt zuckte der Sozialarbeiter erschrocken zusammen. Schwer atmend ließ er den alten Mann los, versetzte ihm noch einen Stoß, der ihn gegen die Wand taumeln ließ, und wandte sich dem Oberinspektor zu.

»Da greift dieser Typ das Mädchen an«, sagte er mühsam beherrscht. »Sie will ihm etwas Gutes tun, ein wenig Licht in sein Leben bringen, und er dreht durch und schlägt sie. Es ist kaum zu glauben.«

Die anderen Obdachlosen saßen nach wie vor auf dem Boden. Keiner von ihnen war auf den Gedanken verfallen, dem Alten zu Hilfe zu kommen. Er war ihnen gleichgültig, und es interessierte sie nicht, was ihm widerfuhr. Nur der Moritatensänger hatte seinen Vortrag abgebrochen, dem Streit kurz zugeschaut und sich dann kopfschüttelnd gesetzt und in seinen Mantel vergraben.

Enttäuscht rief Linda den Hund zu sich, und er kam zu ihr, ließ sich von ihr auf den Arm nehmen und legte ihr sanft den Kopf auf die Schulter.

»Schade, Herr Wörner«, bedauerte sie. »Ich wollte Ihnen nicht angst machen, sondern Ihnen nur etwas schenken.«

Der Alte saß nun wieder auf dem Boden. Er wickelte sich eine Decke um die Beine, drehte ihnen den Rücken zu und blickte unverwandt zum anderen Ende des Tunnels hinüber, so als seien sie, Derrick und Wegener nicht vorhanden.

Ihm war nicht mehr zu helfen. Sein Geist hatte sich verwirrt, und er hatte die Orientierung verloren.

»Komm!« forderte der Sozialarbeiter das Mädchen fürsorglich auf. »Wir gehen in die Teestube. Es wird sich schon irgend jemand finden, der den Hund haben möchte. Und wenn nicht, dann behalten wir ihn eben bei uns.«

Bosslers Universum

Als Derrick am nächsten Morgen ins Büro kam, hatte Harry Klein bereits einige wichtige Vorbereitungen für ihn getroffen. Im Vorraum warteten Proske, der Klavierspieler, Frau Schuster, die Garderobiere, und Frau Bossler. Sie alle hatte der Assistent ins Polizeipräsidium gebeten, da ihre Aussagen benötigt wurden.

»Wen willst du zuerst sprechen?« fragte Klein, während Derrick seinen Mantel ablegte.

»Den Klavierspieler«, antwortete der Oberinspektor, und sein Assistent bat Proske herein. Der Pianist sah müde aus, und seine geröteten Augen verrieten, daß er in der vergangenen Nacht reichlich Alkohol getrunken hatte. Er bemühte sich um eine würdevolle Haltung und zeigte damit doch nur, wie unsicher er war. Er setzte sich Derrick gegenüber an den Schreibtisch und verschränkte die Hände ineinander.

»Ich erinnere mich an unsere Unterhaltung im Cabaret«, begann der Oberinspektor. »Sie teilten die Menschen auf in solche, die Angst haben, und in solche, die Angst erzeugen.«

Proska lächelte geschmeichelt.

»Das haben Sie behalten?« fragte er erstaunt. Er schien nicht damit gerechnet zu haben, daß jemand seine Worte so ernst nahm und ihm wirklich zugehört hatte.

»Ich wollte wissen, zu welcher Sorte Sie gehören, und Sie sagten: Auf gar keinen Fall zu denen, die andere in Angst versetzen.«

»Nein«, gab Proske zu. Er ließ die Hände auf die Oberschenkel sinken und wich dem Blick Derricks aus. »Ich stehe schon längst an der Wand und habe beide Hände erhoben.«

»Wollen Sie damit ausdrücken, daß Sie überhaupt keinen Mut mehr haben?«

»Mut?« Proske schien mit dieser Frage nichts anfangen zu können. »Wozu?«

»Offen zu reden«, erläuterte Derrick.

»Offen zu reden? Worüber? Ich verstehe Sie nicht.«

»Über Linda!«

Diese Antwort überraschte den Klavierspieler. Er schien irritiert und noch weniger als zuvor zu erkennen, worum es ging. Hilflos blickte er Derrick an. »Linda?«

»Richtig. Sie holte ihre Mutter jeden Abend ab, kam stets ins Lokal. Sie kennen Linda also.«

»Ja, ja, ich kenne sie«, bestätigte Proske geradezu eilfertig. Er fuhr sich mit der Hand über die Augen und erinnerte sich an die Begegnungen mit Linda im Nachtclub.

»Wenn sie hereinkam, ging ich sofort an den Flügel, um etwas für sie zu spielen, sie auf meine Weise zu begrüßen. Sie brachte ein wenig Licht und Hoffnung zu uns herein, und das wollte ich ihr vermitteln«, berichtete er. »Und eines Nachts geschah etwas ganz Besonderes. Ich werde es nie vergessen ...«

*

Die letzten Gäste waren gegangen. Die Bar war leer. Kallek räumte die Gläser von der Theke und stellte sie in den Geschirrspüler. Die bereits gereinigten Gläser nahm er noch einmal auf und polierte sie einzeln mit einem Geschirrtuch. Danach hielt er sie prüfend ans Licht und entfernte die letzten kleinen Unreinheiten. Dann ging er zu Bossler, der hinter einem der Tische saß und die Einnahmen zählte. Er setzte sich zu ihm, und der Besitzer des Lokals bot ihm eine Zigarette an. Er nahm sie, steckte sie an und genoß mit geschlossenen Augen die ersten Züge. Doch es war nicht nur die Zigarette, die ihm etwas gab. Er sonnte sich in der Vertrautheit, die Bossler ihm zuteil werden ließ, und er wollte den anderen zu verstehen geben, daß er dem Chef wichtiger war als sie.

Abseits auf einem unbequemen Stuhl wartete Frau Schuster. Erfreut richtete sie sich auf, als ihre Tochter Linda den Raum betrat.

»Da bist du ja«, sagte das Mädchen, ging zu ihr und begrüßte ihre Mutter, indem sie sie unbefangen und liebevoll auf die Wangen küßte.

Proske lächelte und begann auf dem Flügel zu spielen.

Frau Schuster und ihre Tochter gingen zum Ausgang, doch nun stand Bossler auf und bat sie, noch einen Augenblick zu bleiben. Während sie warteten, wandte er sich dem Pianisten zu. Kallek stieg auf die Bühne und richtete einen der Scheinwerfer auf den Bartresen.

»Was klimperst du da eigentlich immer, wenn das Mädchen kommt?« fragte Bossler. »Was ist das für ein Zeug?«

»Mozart«, antwortete Proske. »Die Musik, die zu ihr paßt.«

Bossler blickte Kallek an und zuckte ratlos die Achseln. Er wußte nicht, was der Klavierspieler mit Mozart ausdrücken wollte, denn in dem Universum, in dem er lebte, war für Mozart und seine Musik kein Platz reserviert.

Er nahm das Mädchen bei den Armen und stellte sie mit einer Entschlossenheit, die keinen Widerspruch duldete, vor den Tresen, so daß sie im vollen Licht des Scheinwerfers stand. Sie trug eine leichte Jacke über einem T-Shirt und einen kurzen, sportlichen Rock. Geblendet blinzelte sie ins Licht. Sie erkannte nicht, was er von ihr erwartete.

Er betrachtete sie mit leicht verengten Augen, nahm einen tiefen Zug aus seiner Zigarette und ließ den Rauch langsam aus seinem Mund entweichen.

»Zieh mal die Jacke aus!« forderte er.

»Wie bitte?« Sie wußte noch immer nicht, welche Absichten er verfolgte.

»Los doch!« bedrängt er sie in befehlendem Ton. »Tu, was ich sage!«

Sie gehorchte, legte die Jacke ab und deponierte sie neben sich auf einem Barhocker. Dann wandte sie sich ihm zu. Ratlos und unsicher, mit dem ganzen naiven Charme, der sie auszeichnete.

»Weiter! Na, los doch, mach weiter!« Er trat näher an sie heran, und mit einemmal machte sich Angst breit in der Bar.

Frau Schuster schüttelte verwundert den Kopf. Sie nahm nicht ernst, was geschah, weil ihr das Verhalten Bosslers als geradezu absurd erschien. Proske hörte auf zu spielen und erhob sich wie gebannt von seinem Flügel.

Nur Kallek blieb ruhig. Er stand an einem der Tische, rauchte und sah grinsend zu.

»Weiter! Hast du nicht gehört?« Bossler wurde ungeduldig. Er war es nicht gewohnt, daß man ihm Widerstand leistete, und er wollte es schon gar nicht in seinem Nachtlokal hinnehmen, in seinem Reich, über das er mit harter Hand und seinen speziellen Methoden herrschte.

»Mama!« Linda wandte sich an ihre Mutter, doch bei ihr fand sie keine Hilfe. Frau Schuster hatte ihre Kraft längst verloren. Sie fühlte sich diesem Mann nicht gewachsen, der sich alles nahm, was er haben wollte, und der keine Rücksicht kannte. Sie war in ihrer Angst gefangen und konnte sich nicht mehr daraus befreien.

Bossler streckte die Hände aus, legte sie Linda auf die Taille und schob ihr das T-Shirt hoch. Doch nun drückte das Mädchen ihm die Hände weg. Sie blickte ihm in die Augen, und sie zeigte keine Spur von Angst. Während die anderen um Bossler buchstäblich den Atem anhielten und einen Zornesausbruch von ihm erwarteten, griff sie nach ihrer Jacke und hielt sie ihm schweigend hin, und auch jetzt wich sie seinem Blick nicht aus.

Es war still geworden in der Bar. Niemand sagte ein Wort. Alle beobachteten Bossler, und er nahm die Jakke, drehte sie herum, und als Linda ihm den Rücken zuwandte und die Arme nach hinten streckte, zog er sie ihr wieder an.

Da ihr ein Teil ihres vollen lockigen Haars unter den Kragen der Jacke geraten war, schob sie es mit beiden Händen nach hinten zurück und ging ohne eine Miene zu verziehen an Bossler vorbei.

Frau Schuster schüttelte verwundert den Kopf und schloß sich ihr an – sichtlich stolz auf ihre Tochter.

Kallek drückte seine Zigarette im Ascher aus und zündete sich sogleich eine neue an, wobei er es peinlich vermied, seinen Chef anzusehen. Proske setzte sich an den Flügel, um ein paar Takte zu spielen, und er schien nur Augen für die Noten zu haben, die vor ihm lagen, obwohl er sie gar nicht mehr benötigte. Er hatte längst alles im Kopf, was er spielte.

Keiner der Angestellten hatte je eine Niederlage

Bosslers erlebt, und jetzt waren sie alle Zeuge geworden, daß ein junges Mädchen ihm die Stirn geboten hatte, ohne sich einschüchtern zu lassen, und daß sie ihn schließlich zu einer Geste gezwungen hatte, wie sie deutlicher ihre Überlegenheit und Furchtlosigkeit nicht hätte demonstrieren können.

*

Proske blickte Derrick an, und ein Lächeln stahl sich auf seine Lippen. Er richtete sich auf, als fühlte er sich befreit.

»Ja, ja, so war das«, beteuerte er. »Fragen Sie Lindas Mutter! Anna Schuster war dabei, als es geschah. Sie hat gesehen, wie Linda Bossler in seine Schranken verwiesen hat.«

Harry Klein fertigte ein Protokoll an, und der Pianist bestätigte seine Aussagen, indem er es unterschrieb. Gleich nach ihm kam Anna Schuster ins Zimmer, und als Derrick sie mit der Schilderung Proskes konfrontierte, bestätigte sie, daß er alles so geschildert, wie es sich abgespielt hatte. Dabei rang sie erkennbar um Fassung.

»Aber ein paar Nächte später kam Bossler zu mir«, fuhr sie fort. »Es sagte zu mir: Gib sie mir! Ich will sie! Und sag ihr, daß ich sie will!«

Ihre Augen wurden dunkel, und die Stimme wurde schwer. Es kostete sie Überwindung, über Bossler und sein Verhalten zu sprechen. Ihr Blick wurde unstet, und fast schien es, als wollte sie ihre Aussage abbrechen und den Raum verlassen.

Derrick blieb ruhig. Er bedrängte Frau Schuster nicht, sondern gab ihr die Zeit, die sie benötigte, um sich wieder zu fangen. Sie gehörte zu jenen, die Angst und in ihrem Leben immer wieder erfahren hatten, daß diese Angst ihr einziger Schutz war.

Ihre Tochter war anders. Sie kannte diese Angst nicht, und das hatte sie Bossler gezeigt. Hatte sie dafür büßen müssen? Hatte er die Niederlage nicht verkraftet und es ihr zurückgezahlt, daß sie ihn vor seinen Angestellten mit ihrem Stolz und ihrer Unnahbarkeit ihm gegenüber gedemütigt hatte?

»Was geschah dann?« fragte Derrick behutsam.

»Du weißt, was das bedeutet, sagte er zu mir«, berichtete sie. »Keine Geldsorgen mehr. Du bist ein armes Luder – also, laß dir was einfallen! Ich will Linda, und ich werde sie bekommen.«

Hilflos und verzweifelt blickte sie Derrick an.

»Ich bin dann zu seiner Frau gegangen«, brachte sie mühsam hervor. »Ich habe sie gefragt: Was soll ich tun?«

Sie konnte nicht mehr. Sie brach in Tränen aus, und ihre Stimme versagte.

Derrick wartete, bis sie sich ein wenig beruhigt hatte.

Nach ihr kam Frau Bossler ins Büro. Sie gab ihrer Verwunderung Ausdruck, daß man sie ins Präsidium bestellt, da sie doch mehrmals mit Derrick in ihrem Haus gesprochen hatte.

»Wissen Sie denn noch nicht alles, was Sie wissen müssen?«

»Es sind noch ein paar kleine Dinge zu klären«, erwiderte Derrick unverbindlich. »Und Sie können uns dabei helfen.«

Er sprach sie darauf an, daß Frau Schuster wegen Linda zu ihr gegangen war.

»Ja, es war so«, entgegnete Frau Bossler, und nun beantwortete sie seine Fragen nach dem *wann, wie und wo*, denen sie bisher ausgewichen war. »Und so lernte ich Linda kennen. Ein Maler ist, wenn er Menschen malt, immer auf der Suche nach einem interessanten Gesicht. Es gibt ja Menschen, bei denen Gesicht und Seele eins sind. Können Sie sich etwas darunter vorstellen?«

»Ich denke – ja«, antwortete er.

»Ich lernte sie kennen, und ich malte sie«, führte die Künstlerin weiter aus. »Die Bilder haben Sie ja gesehen.«

Derrick überraschte sie mit einer Bitte.

»Darf ich sie noch einmal sehen?«

Sie war irritiert und konnte sich sein Interesse an ihrem Werk nicht erklären, aber sie sah auch keinen Grund, ihm seinen Wunsch abzuschlagen.

Er beendete das Gespräch, erhob sich und verließ mit ihr zusammen das Präsidium.

Sie war mit ihrem eigenen Wagen gekommen und fuhr darin auch nach Hause zurück; er folgte ihr in seinem Dienstfahrzeug.

Das Haus betraten sie gemeinsam. Beide schwiegen. Er ließ sie im unklaren über die Gedanken, die ihn beschäftigten, bis sie ihm alle Zeichnungen noch einmal vorgelegt hatte.

»Linda war also hier und hat Ihnen Modell gestanden«, sagte er danach.

»Ja«, bestätigte sie.

Derrick blickte sie nachdenklich an.

»Sie haben mir deutlich zu verstehen gegeben, daß Sie Ihren Mann nicht mochten«, bemerkte er ruhig, aber sehr bestimmt. »Doch er wohnte in diesem Haus. Sie lebten zusammen in einem Haus. Hat Ihr Mann das Studio nie betreten?«

Frau Bossler senkte den Kopf, und ihm fiel auf, wie unruhig ihre Hände waren.

»Doch«, entgegnete sie zögernd. »Er kam ins Studio. Linda war gerade bei mir. Hinter dem Paravent zog sie sich aus.«

*

Die Malerin stand in einem weißen Kittel an der Staffelei und arbeitete an einer Skizze, die sie am Vortag begonnen hatte.

»Bist du schon ausgezogen?« fragte sie.

»Einen Moment noch«, klang es hinter der spanischen Wand hervor. »Ich bin gleich soweit.«

»Ist dir auch nicht zu kalt?«

»Nein, nein«, beruhigte Linda sie. »Ich friere nicht.«

»Ich habe die Heizung schon höher gedreht«, erklärte Frau Bossler.

»Danke.« Linda kam lächelnd unbekleidet hinter der Wand hervor. »Ich fühle mich wohl.«

In diesem Moment klingelte es an der Tür, und die Malerin legte ihren Zeichenstift zur Seite. Sie sah, daß Linda erschrocken war, und sie gab ihr mit einer kleinen Geste zu verstehen, daß sie ruhig bleiben solle und daß die Störung nicht von langer Dauer sein werde.

Sie öffnete die Tür.

Ihr Mann stürzte ihr entgegen. »Wo ist sie?« rief er.

»Mach, daß du rauskommst!« befahl sie erzürnt und wollte ihn zurückdrängen, doch er packte sie mit beiden Händen an den Armen, und er war viel stärker als sie. Er wirbelte sie herum und stieß sie mit aller Kraft durch die offene Tür auf den Flur hinaus.

»Raus!« schrie er, schlug die Tür zu und verriegelte sie sofort von innen.

Sie stürzte zu Boden, erhob sich aber sogleich wieder und hämmerte mit den Fäusten gegen die Tür, die fest und unüberwindlich für sie war. Vergeblich rüttelte sie am Türgriff.

»Nein! Nein!« hörte sie das entsetzte Mädchen aus dem Studio schreien. Es polterte laut, als Gegenstände der Einrichtung umkippten und auf den Boden fielen. Allzu deutlich verrieten ihr die Geräusche, daß Linda verzweifelt mit dem Eindringling kämpfte.

Schluchzend und vollkommen hilflos warf sich die Malerin immer wieder gegen die Tür, ohne das geringste ausrichten zu können. Sie konnte nichts tun, um das Schreckliche aufzuhalten, das im Studio geschah. Sie war ausgesperrt, und hinter der Tür nahm Bossler Rache für die Demütigung, die er im Nachtlokal hatte hinnehmen müssen, bezahlte Linda für den Mut, den sie bewiesen hatte, für die Kühnheit, ihm die Stirn zu bieten.

»Mach die Tür auf!« schrie die Künstlerin. »Mach die Tür auf! Tu ihr nichts! Ich flehe dich an, tu ihr nichts!«

Aus dem Inneren waren Schreie und das Weinen Lindas zu hören.

Frau Bossler sank an der Tür herab, grub ihr Gesicht in ihre Hände und weinte hemmungslos, und nachdem eine schier endlos lange Zeit verstrichen war, wurde es still im Studio.

Schließlich näherten sich Schritte, die Tür öffnete sich und Bossler kam hinaus. Er blieb vor seiner Frau stehen und blickte auf sie herab.

»Was liegst du denn da?« fragte er verächtlich. »Was soll das? Geh rein und sag ihr was! Sag ihr, sie soll sich daran gewöhnen.«

Er grinste, stieg über sie hinweg und verschwand in dem Teil des Hauses, den er bewohnte. Sie raffte sich auf und ging zögernd und ängstlich ins Studio. Sie wußte, was sie erwartete, und sie fürchtete sich vor dem Anblick des geschändeten Mädchens.

Linda lag auf dem Boden, nur teilweise mit einem dünnen Tuch bedeckt. Um sie herum herrschte das Chaos. Der Kampf zwischen Bossler und ihr hatte seine

Spuren hinterlassen. Der Paravent, die Staffelei und einige Möbel waren umgestürzt, Zeichnungen über den Boden verstreut worden und Farbtöpfe umgekippt.

Doch die Malerin hatte nur Augen für das Mädchen. Sie sank neben ihr auf den Boden und zog sie an sich.

*

Erschüttert nahm Derrick die Aussage der Künstlerin zur Kenntnis.

»Ich nahm Linda in den Arm«, berichtete Frau Bossler. »Und – da war kein Mondlicht mehr. Nein, es war erloschen. Der graue Tag war angebrochen.«

»Und was haben Sie mit ihr unternommen?« fragte er.

»Ich habe sie ins Bad gebracht, sie gewaschen und angezogen«, antwortete sie.

»Und dann haben Sie Wegener angerufen«, vermutete er.

»Ja, das habe ich getan«, gab sie zu. »Er kam sofort, und er war ganz erschüttert. Er wollte sie in den Arm nehmen, um sie zu trösten, aber sie wollte nicht. Sie wollte seine Umarmung nicht. Sie wollte seine Berührung nicht. Irgend etwas ist in ihr zerstört worden. Sie wollte es nicht.«

Ihre Stimme wurde immer leise, und sie wiederholte ihre letzten Worte mehrmals: »Sie wollte es nicht!«

Sie schilderte, wie das Mädchen geweint hatte.

»Warum? Warum?« hat sie uns gefragt, und wir wußten keine Antwort darauf. »Warum hat er das getan?«

Das Messer

Als Derrick die *Teestube* betrat, war Ingo Wegener gerade dabei, einen Mann zu behandeln, der in eine Schlägerei verwickelt gewesen war und Verletzungen im Gesicht davongetragen hatte. Sanft tupfte er ihm die Wunden ab, bemüht, ihm nicht weh zu tun.

Einige Obdachlose drängten sich um die Gulaschkanone, um sich eine Suppe geben zu lassen, und durch das offene Fenster klang Gitarrenmusik herein. Der Spieler variierte kaum und schlug meistens die gleichen Takte an. Nur selten entlockte er dem Instrument mal ein paar andere Töne.

»Hallo, Stephan!« grüßte Wegener.

»Wo ist Linda?« fragte Derrick.

»Linda ist heute nicht gekommen«, erwiderte der Sozialarbeiter. »Ich habe angerufen. Es geht ihr nicht gut.« Er setzte seine Arbeit fort, um den Verletzten zu versorgen.

»Hat Frau Bossler mit dir telefoniert?«

»O ja«, entgegnete Wegener. »Wir haben lange miteinander gesprochen.«

Er wandte sich dem Oberinspektor zu. »Hast du unseren Tee schon probiert?«

»Nein, danke. Jetzt nicht.«

»Du hast keine Lust?« Ingo Wegener schlug einen lockeren Ton an, als sei nichts Besonderes geschehen und als ob er sich in seinem ganz normalen Alltag als Sozialarbeiter bewege.

»Nein, die habe ich nicht.« Derrick ging nicht auf den Versuch ein, eine oberflächlichen Unterhaltung zu führen, und Wegener erkannte, daß er eine Entscheidung fällen mußte.

»Kommst du bitte mit ins Büro?« Er wartete die Antwort nicht erst ab, sondern ging voraus, verharrte, bis der Oberinspektor eingetreten war, und schloß die Tür hinter ihm. Derrick ließ sich auf einen Stuhl sinken und blickte ihn an.

Ingo Wegener senkte den Kopf und zog eine Schublade am Schreibtisch auf.

»Stephan, ich habe in dieser Schublade eine Reihe von Gegenständen. Ich habe sie Leuten abgenommen, die sich nur sehr ungern davon getrennt haben«, führte er mit fester Stimme aus. Der Reihe nach legte er einige Waffen auf den Tisch. »Einen Schlagstock, eine Gaspistole, aufgebohrt, eine Nilpferdpeitsche. Alles Gegenstände der Aggression. Und jede Menge Messer und Stichwaffen.«

Er hob eines der Messer hoch und zeigte es Derrick.

»Das ist die Waffe, die du suchst!«

Er legte das Messer vor sich auf den Tisch.

»Hast du es benutzt?« fragte der Oberinspektor.

Ingo Wegener zog sich die Strickmütze vom Kopf und setzte sich. Langsam nickte er, und dann gestand er: »Ja!«

Derrick bedrängte ihn nicht. Er ließ dem Freund Zeit, und Wegener brauchte sie, um über sich, seine Situation und das nachzudenken, was geschehen war.

»Stephan, ich bin durch die Hoftür gekommen. Sie war nicht abgeschlossen«, ergänzte er sein Geständnis. »Ich klopfte an der Tür. Er öffnete, sah mich von oben bis unten an und fragte, als ob ich der letzte Dreck sei: Was machen Sie denn hier?«

Er legte seine Hand auf das Messer und schob es weiter zu Derrick hin. »Ich hatte das Messer eingesteckt.«

Er blickte den Oberinspektor an.

»Wie heißt es doch? Der Vorsatz war da. Und damit Heimtücke und niedere Beweggründe, aber das stimmt nicht. Es waren keine niederen Beweggründe. Sie waren nicht niedrig, und es war keine Heimtücke. Ich habe eine Antwort gesucht.«

Bis dahin hatte er sich beherrscht und nicht erkennen lassen, was er empfand. Doch nun war es mit seiner Fassung vorbei, und er brauchte einige Zeit, um sich soweit zu fangen, daß er hinzufügen konnte: »Stephan, ich habe sie nicht gefunden!«

Derrick nickte ihm zu. Er konnte nachempfinden, wie es in Wegener aussah und was ihn zu der Tat veranlaßt hatte. Bossler hatte einen Weg beschritten, der zur Tragödie hatte führen müssen.

Er hatte das Mondlicht erstickt, und das war mehr, als ein Ingo Wegener ertragen konnte.